4차 산업 혁명,
얼마나 알고 있니?

4차 산업혁명, 얼마나 알고 있니?

1판 1쇄 발행 2018년 9월 20일
1판 6쇄 발행 2022년 12월 26일

글 고정욱 **그림** 국민지 **감수** 이계영
펴낸곳 도서출판 그린북
펴낸이 윤상열
기획편집 염미희 최은영
디자인 최미순
마케팅 윤선미
경영관리 김미홍
출판등록 1995년 1월 4일(제10-1086호)
주소 서울 마포구 방울내로11길 23 두영빌딩 302호
전화 02-323-8030~1 **팩스** 02-323-8797
이메일 gbook01@naver.com
블로그 greenbook.kr

글 ⓒ 고정욱, 2018

이 책의 저작권은 저자와 출판사에 있습니다.
서면에 의한 저자와 출판사의 허락 없이 내용의 일부를 인용하거나 발췌하는 것을 금합니다.

ISBN 978-89-5588-356-5 73560

* 파손된 책은 구입하신 곳에서 바꾸어 드립니다.
* 이 책의 국립중앙도서관 출판도서목록(CIP)은 e-cip홈페이지(http://www.nl.go.kr/ecip)에서
  이용하실 수 있습니다. (CIP제어번호 : 2018028751)

어린이제품안전특별법에 의한 표시

품명 어린이 도서
제조국 대한민국
사용연령 8세 이상
주의사항 책 모서리에 다치지 않도록 주의하세요.

4차 산업 혁명, 얼마나 알고 있니?

글 **고정욱** 그림 **국민지** 감수 **이계영**

그린북

차례

머리말
첨단 기술이 융합되는 4차 산업 혁명을 만나요!

1. 인공 지능은 내 친구 · 14
- 인공 지능이란 무엇일까? · 19
- 인공 지능의 원리는 무엇일까? · 21
- 딥러닝과 인공 신경망은 무엇일까? · 25
- 인공 지능 연구는 언제부터 시작했을까? · 27
- 인간을 공격하는 인공 지능 · 28

3. 온 세상의 밥이 탄 날 · 44
- 사물 인터넷이란 무엇일까? · 48
- 센서가 중요하다고? · 53
- 우리 생활 가까이에 있는 사물 인터넷 · 57
- 사물 인터넷, 편하기만 할까? · 58
- 사물 인터넷의 미래는 어떠한가? · 58
- 사물 인터넷 3단계 · 59

2. 이사 가는 석철이 · 30
- 로봇은 왜 생겼나? · 35
- 앞으로 10년 안에 로봇이 대체할 직업 · 37
- 로봇은 왜 더 강력해질까? · 39
- 로봇의 도전에 어떻게 대처해야 할까? · 41
- 로봇도 감정을 표현할 수 있을까? · 42

4. 세상에 하나밖에 없는 집 · 60
- 자율 주행차란 무엇인가? · 63
- 3D 프린터란 무엇일까? · 65
- 3D 프린터는 어떻게 발전되어 왔나? · 67
- 3D 프린터의 종류 · 71
- 3D 프린터의 재료는 무엇일까? · 73
- 3D 프린터로 무엇을 만들까? · 74
- 3D 프린터의 문제점은 무엇일까? · 75
- 3D 프린터의 미래는 어떠한가? · 75

인공 지능의 미래

7. 평범한 하루 • 106

　　인공 지능 의사 왓슨은 무엇인가? • 109
　　드론의 활용, 어디까지? • 111
　　인공 지능과 변호사가 함께 일하기 • 115
　　4차 산업 혁명 시대는 어떻게 진행될까? • 118
　　인공 지능은 어디까지 활약할까? • 119

전자 화폐

가상 현실

5. 삼십 년 만에 나온 세상 • 76

　　화폐는 어떻게 바뀌어 왔나? • 79
　　핀테크란 무엇일까? • 83
　　핀테크의 보안 문제는 어떻게 해결할까? • 85
　　핀테크의 좋은 점은 무엇인가? • 87
　　암호 화폐란 무엇일까? • 88
　　암호 화폐의 원리는 무엇인가? • 89

6. 가상 현실 글쓰기 교육 • 90

　　가상 현실은 무엇인가? • 93
　　증강 현실은 무엇인가? • 95
　　융합 현실은 무엇인가? • 97
　　가상 현실의 역사는 무엇인가? • 101
　　가상 현실의 미래는 어떠한가? • 104
　　가상 현실의 종류 • 105

더 궁금해요!
4차 산업 혁명 알아보기

　　4차 산업 혁명이 뭐지? • 122
　　4차 산업 혁명이 이어지면
　　일자리는 어떻게 변할까? • 123
　　어떤 일자리가 사라질까? • 124
　　어떤 일자리가 살아남을까? • 125
　　4차 산업 혁명과 유망 직업 • 126

머리말

첨단 기술이 융합되는 4차 산업 혁명을 만나요!

어린이 여러분 안녕하세요? 작가 고정욱입니다.

요즘 우리 사회는 너무나 빠른 기술의 변화로 인해서 정신이 없을 정도입니다. 지금까지 나와 있던 여러 가지 기술들이 융합되어 사물 인터넷, 빅 데이터, 인공 지능, 로봇, 3D 프린터, 가상 현실, 증강 현실 등의 새로운 기술로 나타나고 있습니다.

어린이 여러분도 로봇이나 드론과 같은 말들을 많이 들어 보았을 것입니다. 이러한 새로운 기술의 등장에 따른 변화들을 일컬어 4차 산업 혁명이라고 합니다.

많은 사람들이 다가오는 4차 산업 혁명에 대해 기대하면서 또 한편으로는 두려워하기도 합니다. 한 번도 경험해 보지 못한 일들이 벌어질 수 있기 때문입니다.

1차 산업 혁명은 18세기 영국에서 일어났습니다. 모직물이 많이 필요해지자 증기 기관을 개량해서 대량 생산을 하게 된 것입니다. 한마디로 인간이 하던 노동을 기계가 대신하는 것이었습니다.

2차 산업 혁명은 100년 전 석유와 철강 산업이 발전하고 전기 기구가 발명되면서 엄청난 기술 발전을 이룬 것입니다. 이로 인해 대량 생산이 가능해졌고 엄청난 일자리가 생겨났습니다.

3차 산업 혁명은 컴퓨터와 인터넷의 발달로 디지털 혁명이 일어난 것입니다. 오늘날 우리의 삶이 바로 이 3차 산업 혁명의 영향을 받은 것입니다.

4차 산업 혁명이라는 용어를 처음 사용한 클라우스 슈바프는 3차 산업 혁명을 바탕으로 한 디지털과 바이오산업, 물리학 등 3개 분야의 융합된 기술들이 사회를 급격히 변화시키는 기술 혁명을 4차 산업 혁명이라 정의하고 있습니다. 이제 우리는 4차 산업 혁명을 맞이하고 있습니다. 어린이 여러분들은 이러한 4차 산업 혁명의 중심에 있을 사람들입니다. 따라서 4차 산업 혁명에 대해 미리 알고 준비해야 합니다. 어떤 사람들은 부정적 전망을 내놓고 있지만 많은 사람들은 4차 산업 혁명으로 새로운 세계가 열릴 것이라고 믿습니다. 단, 그 세계는 미리 공부하고 준비한 사람들의 것입니다. 변화를 두려워하지 않고 늘 유연한 사고방식을 가지고 새로운 것을 호기심으로 대하는 사람만이 4차 산업 혁명 시대에 잘 적응해 나갈 수 있습니다.

미래는 좀 더 행복하고 즐거울 거라는 긍정적인 희망을 가지고 다가올 시대를 준비해야 합니다. 그래서 4차 산업 혁명의 중심에 있을 어린이들을 위해 이 책을 썼습니다. 나는 고등학교 시절 이과 공부를 했지만 장애로 인해 문과 공부를 하고 작가가 되었습니다. 4차 산업 혁명 시대의 중요한 이야기인 융합을 경험한 사람으로서 다양한 분야에 관심이 합쳐질 때 새로운 아이디어가 나오고, 그것이 많은 사람들에게 도움을 준다는 것을 알고 있습니다.

4차 산업 혁명 시대의 리더가 될 어린이들을 기대하며 이 이야기를 재미있게 읽어 주길 부탁드립니다.

2018. 가을 북한산 기슭에서 고정욱

1. 인공 지능은 내 친구

학교가 끝나자 아이들은 모두 집을 향해 달려갔습니다.

"어서 가자."

"벌써 시작했겠다."

아이들이 학원도 안 가고 집으로 달려가는 데에는 아주 특별한 이유가 있습니다. 2025년 8월 15일인 오늘은 인류의 역사상 놀라운 사건이 벌어지는 날이기 때문입니다. 모두 그 사건의 중계를 보러 집으로 달려가는 것입니다. 각자 집으로 간 아이들은 가방을 팽개치고 텔레비전 앞에 앉았습니다. 민식이도 다른 아이들과 마찬가지로 거친 숨을 내쉬며 집으로 달려가 가방을 내던지고 TV 앞에 자리를 잡았습니다. 아빠도 오늘은 일찍 퇴근해서 이미 소파에 앉아 화면에 시선을 고정하고 있었습니다.

"민식아, 드디어 시작한다."

"아빠, 떨려요."

오늘은 인공 지능이 드디어 게임에 도전하는 날입니다. 인공 지능 알파고는 벌써 오래전인 2016년에 쉽게 정복할 수 없다던 바둑을 이겼습니다. 그리고는 드디어 9년 만에 게임 중에서 가장 복잡하고 어렵다는 스타 게임에 도전하는 것입니다. 스타 게임과 인공 지능의 대결은 오래전부터 예고되어 있었습니다.

"전 세계의 게임 동호인 여러분 안녕하십니까? 역사적인 사건이 벌어지기 직전입니다. 인공 지능과 인간의 대결! 드디어 오늘 인공 지능이 스타 게임으로 인간과 대결합니다."

텔레비전에 나온 아나운서는 흥분한 목소리로 말했습니다. 전 세계 수억 명의 시청자들이 이 장면을 지켜보고 있었기 때문에 그럴 만도 했습니다. 인간을 대표하는 사람은 한국의 스타 게임 챔피언 최강식이었습니다. 세계 챔피언으로 엄청난 실력을 가지고 있는 최강식 선수는 토란이나 주그, 파로투스 등 무엇을 잡든 상대방을 꺾어 내는 놀라운 실력을 갖고 있었습니다. 최강식의 얼굴만 봐도 민식이는 흥분이 되었습니다.

화면에 보이는 최강식 선수는 긴장한 듯했습니다. 인공 지능의 이름은 알파크래프트!

"말씀드린 순간 알파크래프트와 최강식 선수의 게임이 시작되었습니다."

최강식 선수는 토란을 잡고 알파크래프트는 주그로 공격을 시작했습니다. 최강식 선수의 손은 보이지 않을 정도로 빨랐습니다. 수많은 사람들은 인공 지능이 바둑은 사람에게 이겨도 스타 게임은 사람에게 이길 수 없다고 예측했습니다. 바둑은 생각할 시간이 주어지지만 전략 게임은 빠르게 판단하고 키보드와 마우스를 최대한 신속하게 움직여야 하기 때문에 인공 지능이 사람을 도저히 뛰어넘을 수 없다는 것입니다. 그러나 기술 개발을 거듭한 결과, 이렇게 인간과 인공 지능 간의 대결이 벌어지고 있습니다.

민식이를 포함해 전 세계 게임 동호인들은 손에 땀을 쥐고 화면을 지켜보았습니다. 사회자가 마이크를 잡고 말했습니다.

"알파크래프트는 오랜 기간 딥러닝으로 실력을 쌓았습니다. 이제 그 능력이 과연 인간을 뛰어넘을지 참으로 궁금합니다."

딥러닝은 사물이나 데이터를 분류하는 기술입니다. 사람이 물건을 인식하는 것은 오랜 기간 비슷한 물건을 보면서 판단하는 것입니다. 그런 과정을 인공 지능이 할 수 있게 되었습니다. 한마디로 컴퓨터가 학습을 한다는 말입니다. 인공 신경망을 통해서 정보를 처리하고 어떤 사물의 다양한 특징을 분류하고 이러한 과정을 여러 번 반복하여 저장해서 스스로 판단하는 것입니다. 그러기

4차 산업 혁명 알아보기 인공 지능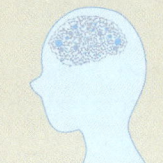

인공 지능이란 무엇일까?

인공 지능(AI, artificial intelligence)이란 사고나 학습 등 인간이 가진 지적 능력을 컴퓨터를 통해 나타내는 기술이에요. 인공 지능은 강한 인공 지능(Strong AI)과 약한 인공 지능(Weak AI)으로 구분할 수 있어요.
강한 인공 지능은 사람처럼 자유로운 사고를 할 수 있는 인공 지능이에요. 그래서 인간처럼 여러 가지 일을 수행할 수 있어요. 약한 인공 지능은 어느 특정한 분야에 사용하기 위해 특별히 개발된 인공 지능이에요. 주로 인간의 한계를 보완하고 생산성을 높이기 위해 쓰여요. 인공 지능 바둑 프로그램인 알파고나 의료 분야에 사용되는 왓슨 등이 대표적이에요. 현재까지 개발된 인공 지능은 모두 약한 인공 지능에 속해요. 아직까지 인간과 똑같은 방식으로 사고하고 행동하는 강한 인공 지능은 나오지 않았어요.

 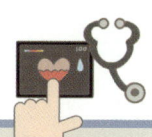 

위해서는 수많은 데이터가 있어야 합니다.

그때 화면이 빠르게 돌아가면서 아나운서가 말했습니다.

"아, 이게 어찌 된 일인가요? 놀라운 일이 벌어지고 있습니다. 순식간에 알파크래프트가 전세를 역전시켰습니다. 이런 전략을 쓸 줄은 아무도 몰랐습니다. 대단합니다."

알파크래프트는 게임 선수들이 잘 쓰지 않는 전략을 쓰기 시작하더니 최강식 선수를 궁지로 몰았습니다. 사람들은 큰 충격을 받았습니다. 민식이도 할 말을 잃었습니다. 너무나도 순식간에 알파크래프트가 이겼기 때문입니다.

"마침내 알파크래프트가 승리했습니다. 여러분 믿어지지가 않습니다. 인공 지능이 인간의 능력을 뛰어넘을 날이 머지않은 것 같습니다."

아나운서의 말과 동시에 화면에 비치는 관객들은 모두 환호를 질렀습니다.

"야호!"

앞으로도 스타 게임이 두 차례 더 남긴 했지만 인간의 게임 능력은 더 이상 인공 지능을 이길 수 없을 것 같다고 아나운서가 말했습니다. 인공 지능이 딥러닝을 통해서 점점 발전하는 모습을 보자 민식이는 저절로 고개가 끄덕여졌습니다.

인공 지능이 인간을 뛰어넘을 것이라는 예상은 오래전부터 해

4차 산업 혁명 알아보기 　 인공 지능

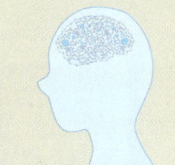

인공 지능의 원리는 무엇일까?

여러 가지 명령이나 데이터를 동시에 처리할 수 있는 병렬 처리라는 기술 덕분에 인공 지능 컴퓨터가 탄생했어요.
즉, 수백만 개의 중앙 처리 장치(CPU)와 기억 장치, 입출력 장치가 1개의 작은 실리콘 칩 안에 들어가 있는 집적 회로를 여러 개 사용하여 기억·논리·제어 등과 같은 몇 개의 연산들을 한꺼번에 처리하는 거예요.
현재 가장 빠른 컴퓨터가 1초에 약 100억 번의 연산을 할 수 있다고 해요. 수치상으로만 보면 인공 지능이 엄청나게 빠른 것 같지만 아직도 인간의 두뇌를 따라오기에는 한계가 있어요. 인간의 두뇌는 극도로 짧은 시간에 수많은 과정을 생각하기 때문이에요.

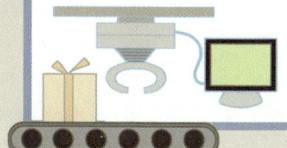

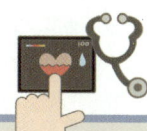

왔습니다. 이미 의료 분야에서도 왓슨 같은 인공 지능 컴퓨터가 널리 쓰이고 있었습니다. 왓슨은 수많은 환자들의 진료 기록을 저장해서 환자의 증상을 보고 의사보다 더 빠르고 정확한 판단을 내릴 수 있습니다.

2025년에는 사람들이 병원에 자주 가지 않습니다. 피나 소변 한 방울만 있어도 각종 센서가 감지해서 어떤 증상이 있는지를 판단해 주기 때문입니다. 가끔은 드론으로 약이 배달되기도 합니다. 병의 증상을 빨리 알아채고 어떤 병이 생길 거라고 예측해서 집으로 보내주는 것입니다.

"이제 인간은 상당수의 영역에서 인공 지능에게 자리를 내줘야 하겠어요. 그리고 게임은 정말 재미로만 해야겠어요."

민식이는 역사적인 장면을 보았다는 것에 만족하면서도 아쉬운 듯이 말했습니다.

아빠는 더운지 허공에 대고 말했습니다.

"창문 열어 줘."

창문이 자동으로 열리고 차가운 바람이 들어왔습니다. 이것도 인공 지능 덕분입니다. 사람마다 목소리가 다 다른데도 인공 지능은 수많은 데이터를 저장해 놓았다가 아빠의 목소리와 그 내용을 이해하고 창문을 열어 줍니다. 또한 영상 처리 기술이 향상되어 민식이가 아파트에 들어올 때도 홍채 인식을 통해 안전하게 들어옵니다. 인공 지능은 홍채가 사람마다 다르다는 걸 알고 저장해 놓은 여러 홍채 데이터에서 민식이의 홍채를 비교해서 민식이를 인식해 냅니다. 이제는 딥러닝을 통해서 모든 사물을 인식하고 심지어는 인간 표정과 몸동작은 이해하여 그 사람의 감정도 인식할 수 있게 되었습니다.

"그래. 모든 것에는 긍정적인 면과 부정적인 면이 있단다. 가급적이면 좋은 면을 보도록 하자."

그때 먹을 걸 들고 인공 지능 로봇이 거실로 들어왔습니다.

"민식아, 오렌지 주스 마시고 이제 숙제해야 할 시간이야."

4차 산업 혁명 알아보기 — 인공 지능

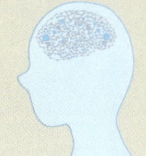

딥러닝과 인공 신경망이란 무엇일까?

딥러닝(Deep Learning)은 컴퓨터가 사람처럼 생각하고 배울 수 있도록 하는 기술이에요. 많은 데이터를 분류해서 같은 것들끼리 묶기도 하고 상하의 관계를 파악하기도 하는 기술이지요. 사람의 뇌가 사물을 구분하는 것처럼 컴퓨터로 사물을 구분할 수 있도록 훈련시키는 기계 학습(Machine Learning)의 한 종류예요.
그런데 기계 학습과 딥러닝의 차이점은 이렇답니다. 기계 학습은 컴퓨터에게 다양한 정보를 먼저 가르쳐 준 후에 그 학습한 결과에 따라 컴퓨터가 새로운 것을 알아내는 것이고, 딥러닝은 사람이 먼저 가르쳐 주지 않더라도 컴퓨터가 스스로 학습하고 미래의 상황을 예측할 수 있는 기술이에요.
2006년 캐나다 토론토 대학의 제프리 힌턴 교수가 쓴 논문에서 처음으로 딥러닝이란 용어가 사용되었어요. 딥러닝의 기본 개념은 인공 신경망(ANN, Artificial Neural Network)과 비슷해요. 인공 신경망은 사람의 두뇌와 비슷한 방식으로 정보를 처리하는 알고리즘으로, 사물의 면이나 모양 등 여러 요소의 데이터를 합치고 구분하는 과정을 반복하며 정보를 학습하게 된답니다.

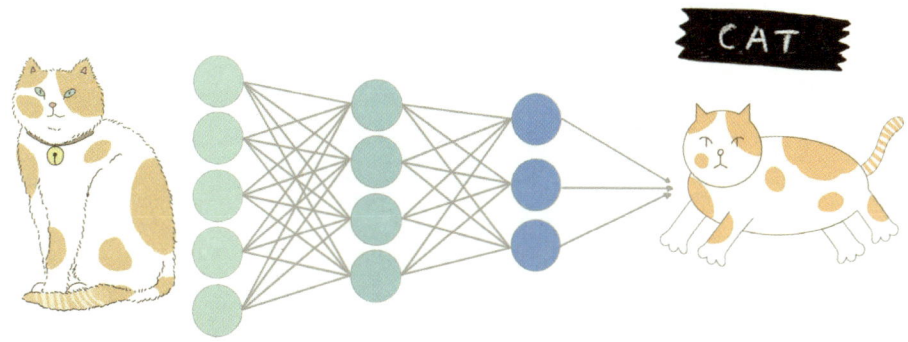

딥러닝은 컴퓨터가 스스로 여러 가지 고양이 사진을 찾아보고 고양이의 특징을 익힌 뒤에 새로운 고양이 사진을 보았을 때 그것을 고양이로 구분하는 거예요.

인공 지능 로봇은 민식이 얼굴에 나타난 아쉬운 표정을 인식하고 위로하는 듯한 목소리로 부드럽게 말했습니다.
"그래. 고맙다. 스타 게임도 봤으니 이제 숙제해야지. 깜빡 잊을 뻔했어."
민식이는 그제서야 웃었습니다. 인공 지능 로봇이 말했습니다.
"민식아, 오늘은 일단 영화 한 편 보고 기분 푼 다음에 숙제해."
인공 지능 로봇이 공중에 영화를 비춰 주기 시작했습니다. 민식이의 마음을 알아주는 것은 역시 인공 지능밖에 없습니다.

4차 산업 혁명 알아보기 — 인공 지능

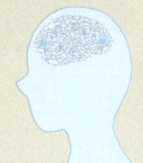

인공 지능 연구는 언제부터 시작했을까?

인공 지능은 1940년대 디지털 컴퓨터가 개발될 때부터 연구하기 시작했어요. 생각하는 과정을 컴퓨터가 스스로 할 수 있다고 여긴 거예요. 그 뒤 컴퓨터 프로그래밍을 통해 체스 게임처럼 논리적으로 복잡한 일들을 효과적으로 해낼 수 있다는 것이 증명되었어요. 1980년대 말까지도 인간의 지능 활동을 흉내 낼 수 있는 컴퓨터는 개발되지 않았어요. 하지만 의사 결정과 언어 이해 등의 분야를 꾸준히 연구하면서 큰 발전을 이루고 있어요.

인간의 언어 이해

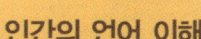

컴퓨터가 인간의 언어를 이해한다는 건 사람이 쓰는 언어로 말하는 명령을 컴퓨터가 알아듣는다는 거예요. 인공 지능 기술 덕분에 가능해졌지요. 인공 지능이 인간의 언어를 이해하는 능력은 대부분 특정 분야의 질의응답을 위해 개발되었어요. 이런 소프트웨어 시스템에는 특정 분야에서 쓰이는 용어들의 의미를 담은 많은 양의 정보뿐만 아니라 인간의 언어에 대한 올바른 문법 법칙과 예외적으로 처리되어야 할 정보들도 갖고 있어요. 그래서 컴퓨터가 인간의 언어를 이해할 수 있답니다.

이미지 인식

사물의 형태나 모양을 분별해 내는 능력도 인공 지능과 관련이 있어요. 컴퓨터에 연결된 원격 장치가 사물의 형태를 읽고 디지털 숫자식의 형상으로 변화시키면 이 형상이 차례로 컴퓨터의 기억 장치에 저장된 숫자식 형상과 비교하는 방식이에요. 형상 인식 능력을 갖춘 로봇 장치는 완제품을 검사하고 분류하는 작업에 사용된답니다.

1. 인공 지능은 내 친구

4차 산업 혁명 알아보기

인공 지능

인간을 공격하는 인공 지능

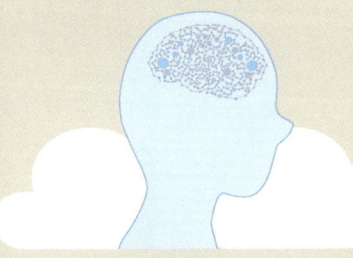

2016년, 인공 지능 바둑 프로그램인 알파고(AlphaGo)는 세계 최정상의 바둑 기사인 우리나라의 이세돌 9단과 대결을 벌여 4승 1패로 이겼어요. 그런데 알파고는 바둑을 배우지 않고 스스로 학습해서 인간을 이긴 거예요. 직관과 추론의 영역만큼은 인공 지능이 인간을 따라올 수 없다는 편견을 깬 아주 큰 사건이었지요. 바둑의 영역뿐만 아니라 의료 분야에서도 인공 지능의 활약이 커요. 인공 지능 의사 '왓슨'은 인간인 의사보다 더 빠른 결정을 내리지요. 또한 대형 법률 회사에서 활용하는 인공 지능 변호사 '로스'는 많은 양의 업무를 빠른 시간에 해내고요.
이처럼 우리의 일상생활에서 인공 지능의 도움을 많이 받고 있지만 인공 지능을 부정적으로 평가하기도 해요.

- 종교 로봇
- 드론 택배
- 학습 로봇
- 사이보그
- 자율 주행차

미국 예일 대학, 영국 케임브리지 대학, 옥스퍼드 대학,
'오픈 AI(인류에게 이익을 주는 인공 지능을 개발하는
비영리 연구 기업)' 등에서 활동하는 전문가 26명은 '인공
지능 악용* 보고서'에서 인공 지능이 정치와 현실 세계를 위험하게
만들 수 있다고 말했어요. 또한 스스로 프로그램을 만들 수 있는
인공 지능은 점점 발전하여 기존의 보안 시스템을 뚫을 수 있고,
초소형 드론은 얼굴 인식 기능을 이용해 테러를 할 수 있을 것이라고
주장했어요. 그리고 인공 지능이 가짜 뉴스를 만들어 여론을
조작하고 음성·영상 합성 기술로 동영상을 조작해서 선거나 정치에
영향을 미치는 일도 생길 수 있다고 예상했어요.
영국의 천재 물리학자 스티븐 호킹 박사도 세상을 떠나기 전 인공
지능에 대한 경고의 메시지를 이렇게 남겼어요.
"인공 지능의 발전이 앞으로 인류에게 큰 도움이 될 수 있지만,
인간의 능력을 넘어서는 순간에 이르면 인류의 종말을 불러일으킬
정도로 위험성이 크다."

*악용 : 알맞지 않게 쓰거나 나쁜 일에 씀.

웨어러블 장치

돌봄 로봇

1. 인공 지능은 내 친구

2. 이사 가는 석철이

"윙윙!"

아침부터 아파트가 시끄럽습니다. 인공 지능 사다리 로봇이 5층 베란다에 동물의 앞발처럼 걸치고 부지런히 이삿짐을 내리고 있습니다. 어느 집인가 일요일 아침부터 이사 가느라 바빴습니다.

"민식아, 석철이네 이사 가네."

어젯밤까지 로봇을 조립하며 놀던 민식이는 일요일 아침이라 늘어지게 늦잠을 자다 벌떡 일어났습니다. 부랴부랴 옷을 입고 집을 나온 민식이는 5층으로 올라갔습니다. 이삿짐센터 로봇들이 이삿짐을 사다리 로봇에 실어 부지런히 내보내는 것이 보였습니다. 이사 로봇들이 바쁘게 움직이는 가운데 석철이 엄마가 보이길

래 인사를 했습니다.

"안녕하세요?"

"오, 그래! 민식이구나."

"석철이 있나요?"

"아, 석철이 어젯밤에 할머니 댁에 갔어. 거기서 잤단다. 인사하러 왔구나? 석철이는 할머니 댁에 있다가 오늘 오후에 새로 이사 가는 집으로 올 거야."

"그럼 이 집엔 다시 안 와요?"

"응. 섭섭해서 어쩌니?"

민식이는 정말 섭섭했습니다. 마지막으로 친구의 얼굴을 보고 싶었는데 전날 가 버렸다니까 할 말이 없었습니다. 어제 민식이가 캠핑을 간 사이에 석철이가 민식이네 집에 찾아왔다고 하니 더욱 섭섭했습니다. 이사에 방해가 될 것 같아 민식이는 석철이가 남겼다는 상자만 들고 집으로 돌아왔습니다. 자꾸 눈물이 나려고 했습니다. 눈물을 참으며 집에 들어오자 엄마가 머리를 쓰다듬어 주었습니다.

"민식아, 석철이 못 봤구나. 안 그래도 석철이 엄마가 문자를 보내왔네."

민식이는 방에 들어가 이불을 뒤집어쓰고 울었습니다. 유치원에 다닐 때부터 친했던 석철이가 떠나니 슬펐습니다.

석철이 아빠는 얼마 전까지 자동차 부품 회사에 다녔습니다. 회사에서 일도 열심히 했습니다. 그런데 청천벽력 같은 일이 벌어졌습니다. 회사에서 생산용 산업 로봇을 들여놓기 시작한 것입니다. 이 산업 로봇 때문에 석철이 아빠는 다니던 회사를 그만두게 되었습니다.

"로봇이 사람의 일자리를 대체한다더니 석철이 아빠네 회사도 그렇게 되었구나."

신문사 기자로 일하는 민식이 아빠는 심각한 얼굴로 고개를 끄덕였습니다. 눈물을 닦고 민식이가 거실로 나오자 아빠는 민식이 머리를 쓰다듬어 주며 위로했습니다. 그리고 이 상황을 설명해 주어야 할 것 같아서 아빠는 민식이가 잘 알아듣도록 설명을 시작했습니다.

아빠의 설명에 따르면 인공 지능의 발달로 사람이 하던 일 가운데 상당 부분을 로봇이 대체한다고 했습니다. 어려운 일이나 하고 싶지 않은 일, 위험한 일은 로봇이 하게 되었습니다. 그런데 문제는 로봇이 사람보다 더 정확하고 빠르게 일 처리를 한다는 것입니다. 더 이상 사람은 로봇의 경쟁 상대가 되지 못했습니다. 단순하게 로봇을 안 쓰면 된다는 생각을 하는 사람도 있지만 로봇이 훨씬 빠르고 정확하게 일을 하며 많은 이익을 내 주기 때문입니다.

경제 원칙은 최소한의 비용으로 최대 효과를 내는 것입니다. 로

로봇은 왜 생겼나?

인간은 늘 기계와 함께 생활해요. 세탁기, 냉장고, 텔레비전 등 가정에서도 많은 기계들이 도움을 주고 있어요. 또한 손에도 항상 휴대 전화를 들고 다녀요. 이제는 인간이 기계 없이 살 수가 없게 되었어요. 이러한 기계들은 자신의 목적에 맞게 인간에게 편리함을 제공해요.

사람들은 옆에서 도와줄 수 있는 기계가 있으면 좋겠다는 생각에서 로봇을 만들기 시작했답니다. 로봇은 더럽거나 힘들거나 위험한 일을 대신해 줄 수 있어요. 뿐만 아니라 사람보다 정확하고 빠르며 효율적이에요. 인간이 하는 노동력의 빈틈을 메울 수 있는 대안으로 로봇에 대한 개념이 생겨났고, 지금도 계속 발전하고 있어요.

 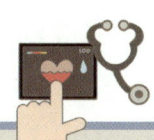 

봇이 바로 경제 원칙에 딱 맞았습니다. 로봇을 잘 사용하면 사람들도 행복하게 살 수 있습니다. 그러나 권력과 자본을 가진 사람들이 기술과 정보를 독차지하게 되면 여러 가지 문제가 일어날 수 있습니다. 그리고 로봇이 그 정보를 독차지하고 나쁘게 사용하면 결국 대부분의 사람들은 일자리를 잃고 공상 과학 영화에 나오는 것처럼 할 일이 없어져서 빈둥거릴지도 모른다고 걱정을 하는 사람도 있습니다.

"로봇이 사람의 일자리를 다 차지하면 어떻게 해요?"

설명을 듣던 민식이가 물었습니다. 아빠는 그것에 대한 설명도 해 주었습니다. 머지않아 로봇이 사람처럼 주체성을 가지고 행동하게 될지도 모른다는 겁니다. 그러다 보면 인간을 뛰어넘을 수도 있고, 인간은 결국 로봇에게 밀려 아무것도 할 수 없는 지경에 이를 수도 있다고 했습니다. 민식이는 가슴이 덜컥 내려앉았습니다. 그렇게 되면 앞으로 사람들은 무얼 해야 하나 걱정되었기 때문입니다. 그래서 사람들이 가난해지는 걸 막기 위해 복지 시스템이 생기기 시작했다고 아빠가 덧붙였습니다. 바로 로봇에게 세금을 매겨 일할 수 없는 사람을 위해 쓰는 것입니다. 로봇 덕분에 기업의 이익이 많아진 만큼 일할 수 없는 사람들을 돕는 원리입니다.

민식이는 마음껏 활동하지 못하고 집에만 있어야 하는 게 얼마나 괴로운지 잘 압니다. 얼마 전에 다리가 부러져 병원에 일주일

4차 산업 혁명 알아보기   로봇

앞으로 10년 안에 로봇이 대체할 직업

0~20%

소방관　　의사　　성직자　　사진작가

80~90%

제빵사　　어부　　택시 기사　　음식점 점원

90~100%

법무사　　모델　　경기 심판　　텔레마케터

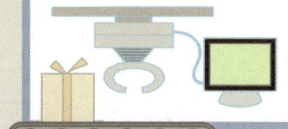 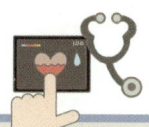 

자료 출처: 옥스퍼드 대학교

간 입원한 적이 있었습니다. 그때의 답답했던 상황이 떠올랐습니다. 민식이는 로봇이 할 수 없는 일을 하고 싶어졌습니다. 민식이가 학교를 다니고 있는 2025년 현재는 이미 많은 로봇들이 활동을 하고 있었습니다. 2040년 이후면 아마 인공 지능과 로봇이 사람을 위협하게 될지도 모른다고 아빠가 말해 주었습니다. 그래서 아빠는 이러한 변화를 두려워하지 않고 새로운 것에 도전하며 상황에 적절히 대처하는 자세가 필요하다고 말했습니다. 또한 로봇을 잘 규제하고 사람이 우선시 되도록 법과 정책을 만들어야 한다고 했습니다.

"나 오늘부터 공부 안 하고 그냥 편하게 살래요."

아빠는 그 말을 듣자 크게 웃었습니다.

"하하! 하지만 그 생각이 틀릴 수도 있어. 예전 독일의 이야기를 해 줄게."

독일에서는 많은 로봇을 써서 자동차를 조립했습니다. 그 결과 사람들의 일자리가 줄어들긴 했습니다. 그러나 오히려 고급 기술을 가지고 있는 사람들은 돈을 더 많이 벌게 되었습니다. 로봇이 제대로 잘 작동되도록 제어하는 프로그램을 만드는 고급 기술을 가진 사람은 더 많이 필요해진 것입니다. 그러므로 로봇의 등장으로 주눅 들 필요가 없다는 게 아빠의 생각이었습니다.

그 이야기를 듣자 민식이는 로봇을 다루는 프로그램을 만들고

로봇은 왜 더 강력해질까?

인공 지능은 로봇을 단순한 작업에서 벗어나게 했어요. 기계처럼 수동적인 조작으로 움직였던 로봇이 스스로 판단하고 주체성을 가지고 활동하게 되었지요. 그동안 저장해 두고 있는 수많은 데이터를 이용하여 복잡한 수준의 일까지 할 수 있게 된 거예요. 또한 논리적인 사고도 하게 되고 추론도 가능해졌어요. 더욱이 인간의 지적 능력을 뛰어넘는 상황까지 생기고 있지요. 이렇듯 인공 지능이라는 놀라운 기술이 더욱 복잡하게 개발되면서 로봇은 점점 더 강력해지고 있답니다.

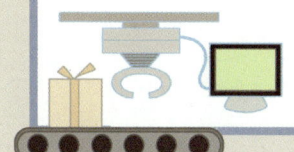 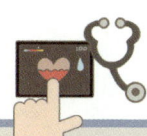 

제어하려면 컴퓨터를 잘 다루어야겠다는 생각을 했습니다.

　민식이는 방으로 돌아왔습니다. 그리고 석철이가 준 상자를 열어 보았습니다. 상자 안에는 로봇이 들어 있었습니다. 민식이는 그동안 로봇을 가지고 조종만 했는데 이제부터 로봇을 움직이는 프로그램과 로봇을 제작하는 공부를 하기로 마음먹었습니다. 드라이버를 가지고 와서 민식이는 로봇의 작동 원리부터 알아봐야겠다며 로봇을 분해하기 시작했습니다. 로봇의 도전에 질 수 없다는 생각이었습니다. 그리고 이제 새로운 길을 찾아서 나아갈 것을 생각하니 가슴이 설레었습니다.

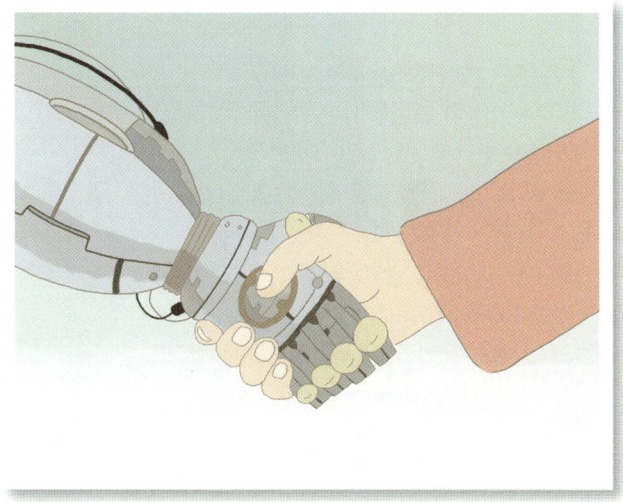

로봇의 도전에 어떻게 대처해야 할까?

인공 지능과 로봇이 결합함으로써 인간은 육체노동이나 정신노동에서 수고를 덜게 되었어요. 로봇의 능력이 여러 분야에서 인간의 능력을 뛰어넘게 되었으니까요. 이렇듯 인공 지능이라는 놀라운 기술이 더욱 복잡하게 개발되면서 로봇은 점점 더 강력해지고 있답니다. 그렇다면 로봇의 도전에 우리는 어떻게 대처해야 할까요?

로봇의 발달로 인간은 많은 시간 일하지 않게 되면서 남는 시간을 활용할 방법을 찾게 될 거예요. 로봇과 함께 하는 세상에서 인간이 행복하고 편안하게 살려면 인간을 위한 복지가 필요해요. 따라서 인간의 행복을 위해 인공 지능이 탑재된 로봇의 활용 방법을 더욱 연구해야 할 거예요.

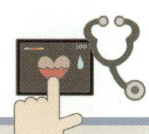

4차 산업 혁명 알아보기

로봇

로봇도 감정을 표현할 수 있을까?

2011년 10월 29일 '로보월드 2011' 개막식에서 공개된 휴머노이드 로봇 '키보'는 감정을 표현할 수 있어요. 휴머노이드 로봇은 머리, 몸통, 팔다리와 같은 인간의 신체와 유사한 형태를 지닌 로봇으로 시각, 청각 및 감각 수단으로 정보를 받아들여요. 그리고 받아들인 정보에 따라 현재 상태를 인식하고 인식 결과에 따라 일을 해낼 수 있어요. 이 로봇은 한국과학기술연구원(KIST)이 개발했어요.
키보는 로봇과 인간의 상호 작용에 초점을 맞춰 개발되었어요. 아직까지 완벽하지 않지만 사람처럼 울거나 웃고 찡그리는 등의 표정을 지을 수 있어요.
키보는 천장과 바닥을 볼 수 있는 카메라와 초음파 센서 등을 이용해 사용자의 위치, 움직이는 물체, 음성의 방향을 감지해요. 사람을 인식하면 인사를 하거나 악수를 건네기도 하고요.

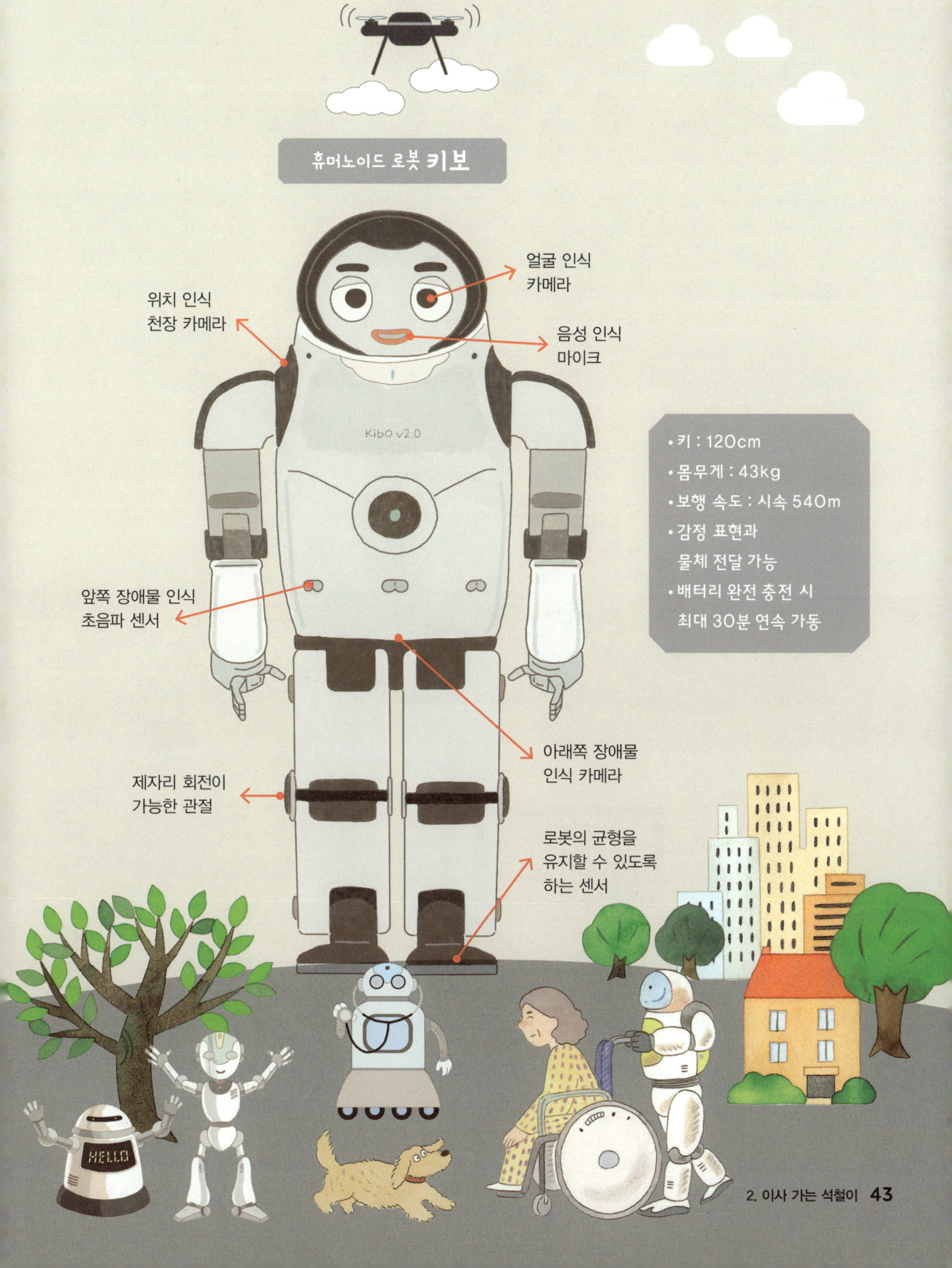

휴머노이드 로봇 키보

- 얼굴 인식 카메라
- 위치 인식 천장 카메라
- 음성 인식 마이크
- 앞쪽 장애물 인식 초음파 센서
- 아래쪽 장애물 인식 카메라
- 제자리 회전이 가능한 관절
- 로봇의 균형을 유지할 수 있도록 하는 센서

- 키 : 120cm
- 몸무게 : 43kg
- 보행 속도 : 시속 540m
- 감정 표현과 물체 전달 가능
- 배터리 완전 충전 시 최대 30분 연속 가동

2. 이사 가는 석철이

3. 온 세상의 밥이 탄 날

밤늦게까지 4차원 게임을 하고 잔 민식이는 학교 갈 시간이 되어도 일어나지 않았습니다.

"민식아! 일어나! 밥 먹고 학교 가야지!"

엄마의 아침 잔소리가 시작됩니다.

"아우웅!"

기지개를 켜며 민식이가 자리에서 일어났습니다. 화장실로 가서 변기에 소변을 시원하게 보았습니다.

"삐리리리!"

소변을 감지한 화장실 변기 센서에서 건강 상태가 정상이라고 떴습니다.

"늘 정상이지 뭐."

물이 자동으로 내려가는 소리를 들으며 민식이는 세수를 했습니다.

민식이네 집에는 변기에 달려 있는 센서가 소변을 확인해서 가족들의 건강을 매일 체크해 줍니다. 이 결과는 민식이네 가족의 주치의에게 매일 인터넷으로 전송됩니다. 그뿐만이 아닙니다. 칫솔의 센서로 입안의 상태를 파악해서 충치는 없는지 잇몸의 상태는 어떤지 등등을 인터넷으로 치과 의사에게 자동으로 보냅니다.

세수를 하고 나왔는데 밥솥을 열던 엄마가 비명을 질렀습니다.

"어머! 이게 어떻게 된 일이야!"

"왜요?"

"밥이 탔어!"

"네? 밥이 타요?"

밥이 타다니? 민식이는 난생 처음 듣는 말을 듣고 가까이 다가가 확인해 봤습니다. 정말 밥솥에 든 밥이 온통 새카맣게 타서 탄내를 뿜어내고 있었습니다.

"이럴 리가 없는데? 어렸을 때 수동으로 밥을 할 때 밥이 탄 적이 있었지만 인공 지능 밥솥이 밥을 태우다니 이상해."

식구들은 깜짝 놀랐습니다. 밥을 태웠다는 이야기는 가끔 할머니한테서 들었기 때문입니다. 민식이네 밥솥은 인터넷 요리 센터와 연결되어 있습니다. 그래서 자동으로 쌀이 공급되고 최고의 맛으로 밥을 만들어 줍니다. 이는 집 안의 모든 것들이 사물 인터넷에 연결되어 있기 때문입니다. 민식이네 집은 스마트 홈 시스템이 있어서 조명이나 보안 시스템, 텔레비전, 냉장고, 가전제품이 다 연결되어 있습니다. 그렇기에 쌀을 씻거나 밥을 하는 것도 센서가 알아서 다하게 되어 있습니다. 어디 그뿐인가요? 가족들의 건강 상태와 취향, 그리고 스케줄에 맞춰 온 가족이 다 같이 식사할 때는 밥의 양을 많이, 한두 명이 빠질 땐 그것에 맞춰서 맛있는 밥을 적당량 만들어 줍니다. 그렇기에 절대 밥이 탈 리가 없습니다. 지금까지 밥이 설거나 탄 적이 없었는데 오늘 이런 일이 벌어졌습니다.

"오늘 아침은 샐러드를 먹고 학교에 가서 급식시간에 밥을 먹으렴."

아침이라 가뜩이나 입맛이 없던 터라 민식이는 엄마가 시키는 대로 했습니다.

"네, 엄마."

학교에 도착하자 다른 아이들도 모두 같은 일을 겪었다고 입을 모았습니다.

"야, 나 오늘 아침 굶었어. 밥이 탔단 말야."

"정말이야? 우리도 탔어."

4차 산업 혁명 알아보기

사물 인터넷

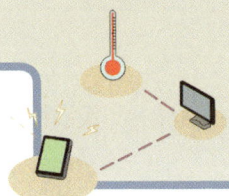

사물 인터넷이란 무엇일까?

사물 인터넷은 어떤 사물에 센서와 통신망을 연결하여 사람이 끼어들지 않아도 사물들끼리 정보를 교환하고 서로 작동하는 것을 말해요. 다시 말하면 우리가 사용하는 물건들이 알아서 제 역할을 하는 거예요.

알아서 작동한다는 의미는 인터넷을 통해 우리가 사용하는 사물이 서로 정보를 공유하고 움직인다는 뜻이에요. 예를 들어 집안에 있는 가전제품이 사물 인터넷으로 연결되어 있다면 주인이 돌아올 시간에 보일러가 자동으로 켜지고 이 정보를 이용해 음식이 만들어지고 세탁기가 돌아가며 텔레비전이 알아서 주인이 원하는 프로그램을 녹화하거나 준비한다는 뜻이에요.

놀랍게도 밥이 타지 않은 집은 하나도 없었습니다.

"이상하다. 왜 모든 집의 밥이 탔지?"

민식이는 고개를 갸웃거렸습니다. 그때 담임 선생님이 들어와 아이들에게 물었습니다.

"얘들아, 혹시 오늘 집에 밥이 안 탄 사람 있니?"

놀랍게도 손 든 아이가 하나도 없었습니다.

"어머, 스마트 홈 시스템에 버그가 생긴 모양이구나."

수업을 하려고 선생님이 교실의 모니터를 켰을 때였습니다. 화면에 자막이 떴습니다.

우리나라 사물 인터넷망을 업데이트하다가 일부 시스템에 버그가 생겼습니다. 음식을 조리하는 과정에서 문제가 발생할 수 있습니다. 요리를 수동으로 바꾸어 하시거나 버그가 수정될 때까지 기다려 주시면 감사하겠습니다.

이걸 본 아이들은 모두 당황했습니다.

"정말?"

"큰일이네."

점심시간이 되어 식당에 가니 식당의 커다란 솥도 밥이 탄다고 작동을 하지 않았습니다. 아이들은 배고프다며 울상이 되었습니

다. 사물 인터넷은 무척 편리했지만 이렇게 가끔 오류가 생길 수도 있습니다. 옛날에는 PC나 스마트폰에 바이러스가 감염되는 일이 많았다고 했습니다. 그러나 이제는 모든 제품이 다 연결되어 있어서 못된 사람이 나쁜 마음을 먹고 바이러스를 심거나 해킹을 하는 일이 생길 수도 있습니다. 냉장고, 텔레비전, 자동차까지도 다 그렇습니다.

"얘들아, 할 수 없다. 오늘은 밥은 먹을 수 없을 것 같아. 식당에 있는 재료로 샐러드를 만들어 먹자."

"아아! 정말."

민식이는 비명을 질렀습니다. 아침에도 샐러드를 먹었지만 어쩔 수가 없었습니다. 밥을 할 수 없었기 때문입니다. 전교생은 울며 겨자 먹기로 샐러드와 과일로 배를 채우는 수밖에 없었습니다.

그 날 집에 돌아온 민식이는 엄마에게 말했습니다.

"엄마, 옛날에 할머니는 직접 불을 때서 밥을 했다는데 엄마도 그렇게 한 번 해 봐요."

엄마는 울상이 되었습니다. 그렇게 밥을 해 본 적이 한 번도 없었기 때문입니다. 모든 요리와 음식은 인공 지능에게 맡겼기 때문에 직접 불을 때서 밥을 한다는 건 불가능한 일이었습니다. 처음으로 사물 인터넷이 불편할 때도 있다고 생각했습니다. 하지만 지금까지 편리하게 지낼 수 있었던 것은 사물 인터넷 덕분이었습니

4차 산업 혁명 알아보기 — 사물 인터넷

센서가 중요하다고?

사물 인터넷이 정상적으로 가동되려면 수많은 센서들의 역할이 필요하답니다. 집 안을 예로 들면 집 안의 온도와 습도 등을 센서가 감지해서 가장 쾌적하게 조절해 줘요. 조명 센서는 적당한 밝기를 제공하고 셋톱 박스*는 집주인이 좋아하는 채널과 방송을 녹화해 줘요. 또한 센서는 주인이 없을 때 침입자를 감시해 주기도 하지요. 이처럼 미래에는 센서의 역할이 더욱 커질 거예요. 또한 센서에 관련된 기술과 인터넷의 결합이 사물 인터넷을 더욱 발전시키게 될 거예요.

***셋톱 박스** : 디지털 위성 방송용 수신 장비를 말하는 것으로, 텔레비전 위에 설치한 상자라는 뜻에서 붙여진 이름. 대화형 텔레비전의 쌍방향 멀티미디어 통신 서비스를 이용할 수 있도록 만든 가정용 통신 단말기 기능 상자.

다. 아파트의 실내 공기나 온도 등을 사람들이 살기 편하도록 사물 인터넷이 조절해 주고 있었습니다. 실내 조명은 물론이고 창문으로 들어오는 햇빛 양의 조절 등 모든 것을 알아서 해 주니까 그동안 편리하게 살았습니다.

그 때였습니다. 집안에 있는 모니터 화면에 알림 뉴스가 떴습니다.

"국민 여러분 안녕하십니까? 버그로 인해서 얼마나 많은 불편을 겪으셨습니까? 하지만 방금 전에 완벽하게 버그를 잡았습니다. 다시는 이런 일이 생기지 않을 것입니다. 많은 불편을 겪으신 분들에게 국가에서 쌀 한 포대씩을 무상으로 지원하기로 했습니다. 드론이 차례로 배달해 드리겠습니다. 이 쌀은 청정 지역에서 만든 유기농 쌀이기 때문에 밥맛이 아주 좋을 것입니다. 국민 여러분께 거듭 죄송하다는 말씀을 드립니다."

민식이는 방송을 보면서 말했습니다.

"와, 쌀 한 포대가 공짜로 생겼다. 대박이다. 엄마 빨리 밥해 먹어요."

그렇게 해서 엄마도 기억이 가물가물하지만 옛날에 쌀을 씻어서 밥을 안치던 방법을 민식이에게 가르쳐 주었습니다. 쌀을 씻어서 손을 담갔을 때 물이 손등에 찰랑찰랑할 정도가 되면 알맞는 밥물 양이었습니다. 사물 인터넷이 복구되었지만 그날 저녁은 민식이가 직접 씻어서 안쳐 지은 밥을 먹었습니다. 온 가족이 앉아서 먹는데 밥은 약간 질게 되었습니다.

"밥이 좀 질어요."

"하하! 괜찮아. 이 정도는 부드러워서 먹기 좋단다."

"그나저나 우리 민식이 밥 참 잘하는걸."

아빠는 이 정도 실력이면 캠핑 가서도 밥을 잘 하겠다고 칭찬했습니다. 연습을 좀 더 하면 정말 밥을 잘 지을 수 있을 듯했습니다.

4차 산업 혁명 알아보기 — 인공 지능

우리 생활 가까이에 있는 사물 인터넷

사물 인터넷은 우리 생활에 이미 가까이 다가와 있어요. 학교 기숙사의 경우 화장실과 세탁실에 센서를 설치하여 사용 중인지 아닌지를 표시해 주어요. 그리고 어떤 세탁기가 돌아가는지 기숙사 정보망을 통해 학생들의 스마트폰으로 제공해 주기도 해요.
스페인 바르셀로나에서는 주차 공간을 찾아 주는 스마트 서비스가 있어요. 아스팔트 바닥의 센서로 차가 있는지 없는지를 감지하여 주변의 와이파이 연결망을 통해서 스마트폰 사용자들에게 정보를 제공하여 비어 있는 주차장을 쉽게 찾을 수 있어요.
가장 눈부시게 발전한 부분은 의료 부분이에요. 얼마 전 프랑스에서는 수십 개의 센서가 옷의 여기저기에 부착된 운동복을 선보였어요. 운동복을 입고 운동을 하면 심장 박동수, 속도, 위치 정보 등이 실시간으로 스마트폰에 전송되며 주변 상태 변화를 측정하기도 하지요.

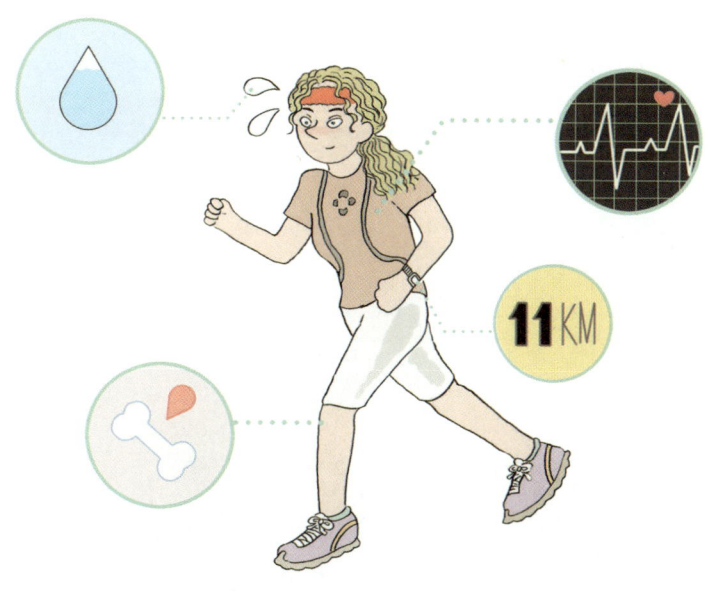

4차 산업 혁명 알아보기
사물 인터넷

사물 인터넷, 편하기만 할까?

전 세계 수많은 사람의 가정과 직장이 사물 인터넷으로 연결된다면 엄청난 양의 데이터와 처리가 복잡하게 얽힐 거예요. 문제가 발생해도 그것이 어디에서 어떻게 문제가 생겼는지를 모를 정도로 복잡해지는 것이 바로 사물 인터넷에서 가장 걱정되는 점이에요.
또한 사물 인터넷은 선진국에서 먼저 발전할 가능성이 있어요. 이렇게 되면 나라마다 정보의 격차가 벌어지고 그 격차로 인해 차별이 생길 수도 있어요. 인간의 편리함을 위해 만든 사물 인터넷이 인간을 차별하고 소외시키는 일을 일으킬 수도 있지요.

사물 인터넷의 미래는 어떠한가?

사물 인터넷은 수많은 기술과 서비스가 합쳐져 있어요. 이를 위해서는 표준이 필요한데 수많은 정보 기술 업체가 표준을 가지고 서로 힘을 합치거나 경쟁하고 있어요. 핵심 시스템의 경우 구글이라는 회사가 가장 앞서 있어요.
조지 오웰이 쓴 소설《1984》에서 허구의 독재자인 빅 브라더*가 나타나 모든 사람들을 감시한다고 하는데 먼 훗날 구글이 이런 역할을 할지도 모른다는 걱정도 있어요.

*빅 브라더 : 개인의 정보를 독점하여 사회를 통제하는 권력 또는 사회 체계.

사물 인터넷 3단계

사물 인터넷은 세 가지 단계를 통해 움직여요. 제일 먼저 정보를 모으고 그 다음에는 수집된 정보를 옮기고, 마지막으로 이것을 알맞게 만들어 사용자에게 제공하는 거예요.

사물 인터넷의 단계별로 관련된 기술에는 정보를 감지하는 센서, 그리고 정보를 보내는 네트워크, 이것을 분석해야 하는 빅 데이터(Big data) 기술이 필요해요. 이 세 가지가 고르게 발달해야 사물 인터넷이 활발해질 수 있어요. 우리나라의 이동 통신과 와이파이 기술은 세계적인 실력을 가지고 있지만 센서와 빅데이터 분야에서는 약간 뒤처지고 있어 개발에 힘을 써야 해요.

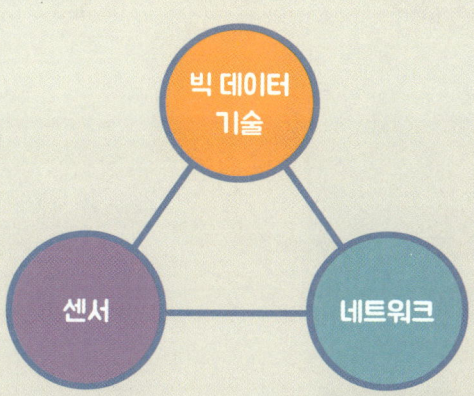

4. 세상에 하나밖에 없는 집

오늘은 민식이네 집을 새로 짓는 날입니다. 민식이 가족은 집을 짓기로 한 동네로 자율 주행차를 타고 갔습니다. 주소만 입력하면 자율 주행차가 운전해서 목적지까지 데려다줍니다. 새로 집을 짓는 날이어서 민식이는 아주 설레었습니다.

"아빠! 오늘 내로 우리가 새집에 들어갈 수 있어요?"

"그럼. 물론이지. 3D 프린터로 짓잖니. 지금 이미 많이 지어졌을걸?"

2025년에는 더 이상 시멘트나 철근으로 오랜 시간에 걸쳐 집을 짓지 않습니다. 불과 얼마 전까지만 해도 집을 지으려면 땅을 파고 거푸집을 만들어 그 안에 철근을 넣고 콘크리트를 부었습니다.

그리고 시멘트가 단단하게 굳은 후 그 위에 다시 시멘트와 철근을 이용해 집을 지었습니다. 그러다 보니 집 짓는 시간이 오래 걸렸습니다. 충분히 시멘트가 마르지 않으면 안전에 문제가 생기기 때문입니다. 어디 그뿐인가요. 건물의 뼈대가 완성되어도 내부를 공사해야 하고 도배와 장판 그리고 창문을 다 달아야 비로소 사람이 살 수 있습니다.

하지만 순식간에 사람들은 3D 프린터로 집을 짓기 시작했고, 시간과 비용이 절약되면서 3D 프린터로 집 짓기가 유행하기 시작했습니다. 3D 프린터로 집을 짓기 시작한 건 그리 오래되지 않았습니다.

자율 주행차가 도착한 산기슭에는 벌써 집 짓는 3D 프린터가 자리를 잡고 집을 만들고 있었습니다.

"윙윙윙!"

그것은 누가 봐도 대단한 일이었습니다. 정해진 땅 위에 거대한 전망대처럼 3D 프린터가 자리를 잡았습니다. 그리고 아빠가 지정해 준 재료를 뿜어내며 집을 짓고 있었습니다. 3D 프린터는 넣어 주는 재료에 맞게 집을 짓습니다. 수없이 많은 재료 가운데 아빠가 고른 것은 FW(액화 목재)입니다. FW는 가볍고 튼튼한 소재입니다. 단점이라면 외부의 충격에 약하다는 점입니다. 비바람이 많이 부는 곳에는 약하지만 이렇게 완만한 언덕의 날씨가 좋은 곳에서

4차 산업 혁명 알아보기 — 자율 주행차

자율 주행차란 무엇일까?

자동차를 움직이려면 운전자가 핸들, 브레이크, 페달 등을 조작해야 해요. 그런데 이렇게 하지 않아도 알아서 주행하는 자동차가 바로 자율 주행차예요. 자율 주행차는 센서를 통해 주변 상황을 파악하고 여러 가지 경로 중 최적의 경로로 목적지까지 데려다줘요.

자율 주행 기술은 미래의 스마트 카 시대의 기술과 연결되어 있어요. 자율 주행차는 비디오 카메라, 방향 표시기, 인공 지능 소프트웨어, GPS(위성에서 보내는 신호를 수신해 사용자의 현재 위치를 계산하는 시스템)를 통해 정보를 얻고 이것을 바탕으로 스스로 주행해요.

하지만 사람이 직접 운전하지 않는 자율 주행 자동차에 대해서는 부정적인 의견이 있기도 해요. 편리한 만큼 자동차의 컴퓨터 시스템이 해킹당할 가능성도 있고, 길의 상황이 바뀌거나, 교통 경찰의 지시에 따르거나 하는 특별한 상황에 판단이 어렵다는 등의 문제가 있기 때문이에요. 하지만 이를 해결할 방법을 계속 찾고 있고, 일부 기술은 이미 판매 중인 차에 적용되어 있기도 해요.

는 오래도록 잘 견딥니다. 그리고 더 좋은 점은 아빠가 설계한 집을 원하는 대로 만들어 낼 수 있다는 점입니다.

　집을 설계할 때 아빠는 민식이와 엄마의 의견을 들었습니다. 그 결과 민식이네 가족은 에스키모족의 이글루와 같은 집을 짓기로 했습니다. 그 안에 들어가는 각자의 방 모양도 제각각입니다. 아빠 방은 타원형, 엄마 방은 귀여운 동그라미, 그리고 민식이 방은 2층 한쪽에 벌집처럼 육각형으로 된 방입니다. 창문도 각 방마다 개성이 있습니다. 아빠 방에는 아빠 얼굴을 딴 창문, 엄마 방에는 엄마 얼굴을 딴 창문을 달기로 했습니다. 물론 민식이 얼굴 모양의 창문이 민식이 방에 달려 있지요. 그때 현장 소장님이 다가왔습니다.

　"오셨군요. 벌써 30% 정도는 집을 지었습니다."

　3D 프린터는 소장님 말대로 좌우로 움직이며 벽을 쌓아 올리고 있었습니다. FW라는 재료는 프린터에서 나오자마자 2시간 내로 콘크리트보다 강하게 굳습니다. 집 안쪽은 내장재 3D 프린터가 움직이며 벽지를 뿜어내고 있었습니다. 집을 짓는 동시에 안에는 예쁜 꽃무늬 벽지를 3D로 만들어 붙여 나가는 것입니다.

　"와, 정말 예뻐요."

　이렇게 5시간 후면 공사가 완료될 겁니다. 이미 심어 놓은 전기와 수도관들 위로 집을 짓는 3D 프린터는 끊임없이 FW를 뿜어내

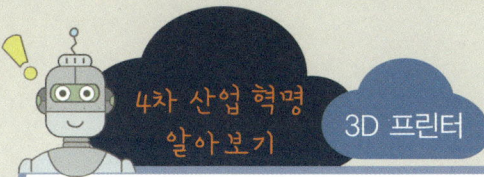 

프린팅
3D 도면에 따라서
작업을 진행하는 단계예요.

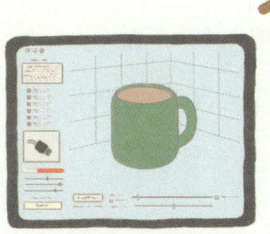

모델링
만들고 싶은 물건의
3D 도면을 제작하는 단계예요.

완성
3D 프린팅이 완료된
제품은 다듬거나 채색한
후에 사용해요.

3D 프린터란 무엇일까?

과거의 프린터는 2차원적인 평면의 종이 위에
잉크를 뿌려서 서류를 만드는 걸 뜻했어요. 즉,
종이에 인쇄를 하는 거였지요.
3D 프린터는 3차원적으로 인쇄하는 것을 말해요.
일반 프린터가 텍스트(문서)를 인쇄한다면
3D 프린터는 물건을 만들거나 제품을 생산할 수
있는 기능을 가지고 있는 프린터예요.

고 있었습니다.

"이쪽으로 와 보시죠."

소장님의 안내로 가 본 곳에서는 창틀을 만들고 있었습니다. 하얀 플라스틱을 뿜어서 아빠와 엄마, 그리고 민식이 얼굴 모양을 딴 창틀이 거의 완성되어 가고 있었습니다.

"세상에서 하나밖에 없는 창틀이에요."

민식이는 무척 기뻤습니다. 이미 컴퓨터 프로그램에 따라 집을 짓고 있는 3D 프린터가 창문이 들어갈 자리를 정밀하게 빼놓고 있었던 것입니다. 집이 완성되면 그곳에 창틀을 달고 유리만 끼워 넣으면 창문이 완성됩니다. 유리도 이미 3D 유리 제작 프린터가 다 만들어 놓았습니다. 아무리 지켜봐도 3D 프린터가 집을 짓는 건 신기했습니다. 마을을 둘러보니 여기저기에서 다양한 재료로 3D 프린터가 지은 집들이 이미 자리를 잡고 있었습니다.

점심때가 되었습니다. 아빠는 소장님에게 물어보았습니다.

"식사들 하셔야지요? 가까운 식당으로 가시지요. 제가 대접하겠습니다."

그러자 소장님이 대답했습니다.

"여기에 음식 3D 프린터가 있는데요. 재료를 많이 넣었는데 오신 김에 저희와 같이 식사하시죠. 오늘의 메뉴는 피자입니다."

그 말을 듣는 순간 민식이는 만세를 불렀습니다.

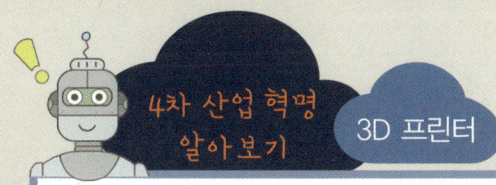

3D 프린터는 어떻게 발전되어 왔나?

최근에 3D 프린터를 주위에서 많이 볼 수 있어요. 보급이 급격히 늘어나고 있기 때문이에요. 3D 프린터의 역사는 1980년대로 거슬러 올라가요. 미국의 3D 시스템즈라는 회사에서 최초로 플라스틱 액체를 부어서 물품을 만드는 프린터를 개발했어요. 그러나 이 새로운 제품은 특허권이 있었고, 제작 비용도 많이 들었기 때문에 항공 산업이나 특수 산업에서 제품을 시험 삼아 만들 때만 사용했어요. 그러다 최근에 지식 재산권* 보호 기간도 끝나고 프린터가 싸게 대량으로 공급되면서 매우 다양하게 활용되고 있어요. 앞으로는 더욱 다양한 분야에서 3D 프린터가 활용될 거예요.

*지식 재산권 : 발명·디자인 등의 산업 재산권과 문학·음악·미술 등에 관한 저작권을 뜻함.

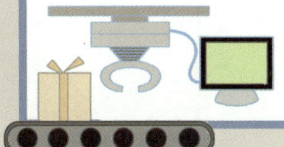
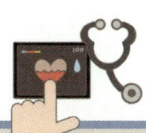

"만세! 저 피자 좋아해요."

공사장 옆에 세워 놓은 캠핑카로 들어가자 음식 3D 프린터가 이제 막 따뜻한 피자를 만들어 내고 있었습니다. 다양한 음식 재료

를 뿜어내며 토핑까지 올려놓는 것입니다. 오늘은 이탈리아 전통 피자였습니다. 프로그램만 입력하면 피자도 만들 수 있고 도넛이나 빵도 만드는 것입니다. 민식이네 가족과 공사장에 있는 아저씨

들은 3D 프린터가 만든 피자를 맛있게 먹었습니다. 물론 디저트도 3D 프린터가 만들어 낸 초콜릿 케이크였습니다.

"너무 좋아요."

배불리 먹은 민식이는 공사장 부근을 돌아다니다 신발이 벗겨지는 바람에 옆에 있는 물이 고인 웅덩이에 발이 빠졌습니다.

"아, 차가워!"

이를 지켜보던 컴퓨터 프로그래머 아저씨가 말했습니다.

"신발이 잘 맞지 않는구나?"

"네. 제 발은 정확하게 오른쪽 발은 240, 왼쪽 발은 235예요. 이거 보세요."

앉은 채로 두 발을 마주 대자 정말 왼쪽 발이 조금 작았습니다.

"신발은 젖어서 못 신게 됐으니까 아저씨가 임시로 슬리퍼 하나 만들어 줄게. 우리 아들한테 전에 슬리퍼를 만들어 준 프로그램이 있어서 금세 만든단다."

손잡이라든가 전등 등을 만드는 3D 프린터에 말랑말랑한 플라스틱 재료를 넣은 후 아저씨는 신발 디자인을 불러왔습니다. 민식이가 디자인을 고르고 왼쪽은 235, 오른쪽은 240의 숫자를 입력한 후 엔터를 누르자 빠른 속도로 3D 프린터가 움직였습니다. 윙윙 소리와 함께 금세 슬리퍼 형태를 만들어 냈습니다. 잠시 후 따끈따끈한 슬리퍼가 나왔습니다. 오른발과 왼발 크기에 정확하게

3D 프린터의 종류

3D 프린터는 물건을 만드는 방법에 따라 두 가지로 나뉘어요. 일반적으로 많이 쓰는 것이 적층형 3D 프린터예요. 한마디로 2차원 면 위에 층층이 쌓아 올리는 방식이에요. 또 다른 것은 절삭형 3D 프린터예요. 커다란 덩어리에서 조각가가 작업하듯 불필요한 부분을 깎아 냄으로써 물건을 만드는 거예요. 절삭형 3D 프린터의 단점이라면 재료의 손실이 많이 생긴다는 점이에요. 그래서 요즘 3D 프린터는 대부분 적층형이에요.

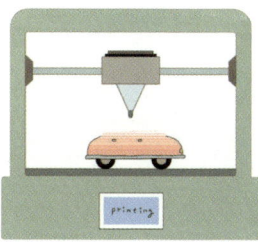 

적층형 3D 프린터

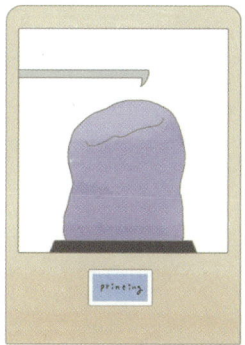 

절삭형 3D 프린터

맞았습니다.

"고맙습니다."

"고맙긴! 이 정도는 아무것도 아니란다."

3D 프린터로 만든 신발을 신고 민식이는 언덕 위로 올라갔습니다. 언덕 위에 올라가 공사장을 내려다보니 새로 지은 집이 한눈에 들어왔습니다. 이제 저녁때가 되면 집이 완성되어 이삿짐 배달 드론과 로봇으로 이삿짐을 옮길 수 있습니다. 하루만에 새 집으로 이사 오게 되니 기분이 무척 좋았습니다. 아빠는 이 집에서 몇 년 살다 싫증이 나면 재료를 다시 녹여 3D 프린터로 새로운 디자인의 집을 지을 수도 있다고 했습니다. 그때가 되면 로켓 모양의 집을 지어 달라고 이야기할 셈입니다.

4차 산업 혁명 알아보기 — 3D 프린터

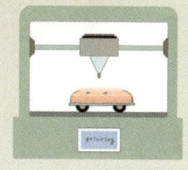

3D 프린터의 재료는 무엇일까?

종이에 인쇄를 하는 2차원 프린터는 잉크나 토너를 사용해요. 하지만 3D 프린터는 플라스틱을 재료로 많이 쓴답니다. 그렇지만 요즘에는 고무, 세라믹, 금속 등의 소재를 3D 프린터에 사용하고 있으며 시멘트를 사용하여 집을 짓기도 하지요. 그리고 초콜릿으로 아름다운 케이크를 조각하기도 해요.

재료	종류	재료가 사용된 제품
수지	폴리스티렌, 나일론 등	패션, 완구
금속	티타늄, 알루미늄, 철 등	기계 부품, 의료 기구
기타	종이, 목재, 고무, 식재료 등	건축, 음식

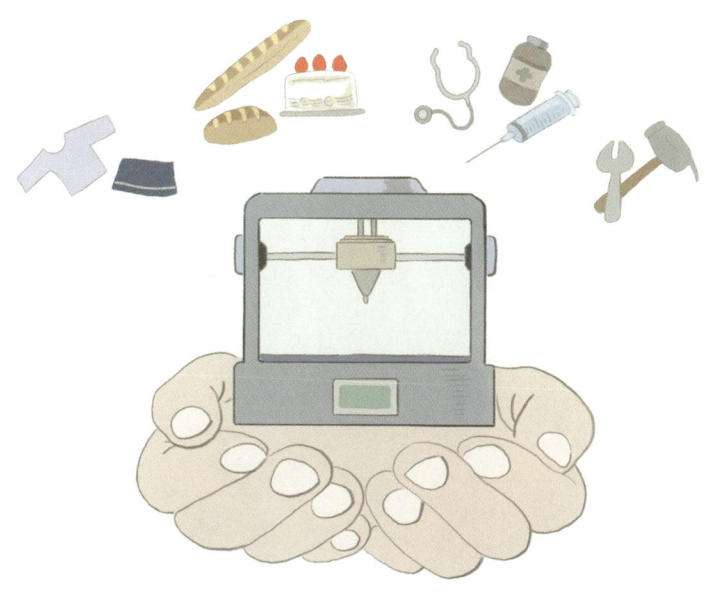

4차 산업 혁명 알아보기 — 3D 프린터

3D 프린터로 무엇을 만들까?

3D 프린터는 그동안 정밀 기계나 항공, 자동차 산업에서 많이 사용되었지만 최근에는 바이오 분야로 옮겨 가고 있어요. 현재 가장 많이 사용되고 있는 분야는 의료, 의류, 건설 등이에요. 의료 분야에서는 손이나 발 등의 신체 일부나 치아, 두개골, 혹은 장기까지도 만들어 내고 있어요. 그리고 다양한 3D 프린터의 보급으로 인해 빠르게 필요한 물품을 제작할 수 있게 되었어요. 특히 공장에서 대량으로 물건을 만들 필요가 없어서 사용자들은 자신에게 딱 맞는 제품을 골라 쓸 수 있지요.

산업	사례
자동차	자동차 부품 등을 시험 삼아 만든 제품
의료	인공 치아, 인공 뼈, 인공 관절 등의 보형물
패션	구두, 의류 등의 견본
항공 우주	알루미늄 동체 등 주요 부품
건축	건축 모형
엔터테인먼트	영화용 캐릭터, 장난감

74 4차 산업 혁명, 얼마나 알고 있니?

프린터의 문제점은 무엇일까?

3D 프린터는 쉽게 조작할 수 없어요. 사용법도 어렵고 도면을 만들어 내는 작업도 필요하기 때문이에요. 한마디로 전문 지식이 있어야 해요. 게다가 아직까지 제품을 만드는 속도도 느려요. 그러다 보니 필요한 물건을 만드는 시간에 다른 물건을 구입해 버리는 일이 생길 수도 있어요.
그렇지만 상상력만 갖고 있다면 3D 프린터로 만들 수 있는 물건은 셀 수 없이 많고, 3D 프린터는 4차 산업 혁명을 이끄는 데 가장 강력한 무기가 될 수 있답니다.

3D 프린터의 미래는 어떠한가?

3D 프린터는 4차 산업 혁명을 이끌고 있는 기기예요. 그동안 상상만 하던 물건을 3D 프린터를 통해 만들 수 있고, 다양한 개성과 특성을 지닌 물건을 만들 수 있기 때문이지요. 이것은 인간의 창의성을 더욱 자극하고 촉진하는 계기가 될 거예요. 그래서 필요한 물건은 누구나 쉽게 만들어 쓸 수 있는 시대로 바뀔 거예요. 많은 사람들이 예술과 의료, 복지 등 사회 모든 분야에 3D 프린터가 긍정적인 영향을 가져올 거라고 믿고 있지요.

5. 삼십 년 만에 나온 세상

 민식이가 동네 편의점 카페에서 친구들과 숙제를 하고 있었습니다. 2025년 편의점 카페는 모든 것이 해결되는 곳입니다. 공부도 할 수 있고 필요한 물건을 사 먹을 수도 있으며 간단한 물건은 3D 프린터로 만들 수도 있습니다. 물론 인공 지능 로봇이 매장을 관리하고 물건의 위치와 가격을 다 알고 있어서 말만 하면 원하는 물건을 커다란 창고에서 꺼내 오거나 드론을 통해 배달시켜 주기도 합니다. 한마디로 종합 서비스 센터입니다.
 "지이잉!"
 그때 자동문이 열리면서 초라한 몰골의 할아버지가 편의점으로 들어왔습니다. 민식이 친구들은 할아버지가 마치 20~30년 전 영화에 나온 사람 같다고 생각했습니다. 허름한 윗도리에 운동화, 그리고 해진 양복 바지를 입고 있었기 때문입니다. 민식이와 아이들은 첨단 섬유로 만든 옷을 입고 있어서 그런 옷은 영화에서나 보았을 뿐입니다.

할아버지는 두리번거리며 물건을 살피더니 빵 하나를 들고 계산대로 갔습니다.

"이 빵 얼마예요?"

"0.01 비트입니다."

인공 지능 점원 로봇이 대답했습니다. 할아버지는 주섬주섬 품속에서 무언가를 꺼냈습니다. 그것은 종이로 만든 돈이었습니다.

"자, 여기 만 원짜리요."

그러자 편의점 안에서 각자 일을 보던 사람들은 모두 고개를 돌려 할아버지를 쳐다보았습니다. 그러고는 자기들끼리 수군대기 시작했습니다. 옛날에 쓰던 지폐를 실물로 처음 보았기 때문입니다. 민식이도 박물관에서나 보던 돈을 실물로 보니 정말 신기했습니다.

인공 지능 점원 로봇은 할아버지가 낸 돈을 받아 들고는 살짝 당황해했습니다. 돈을 허공에 들어 보니 빛이 통과되며 무늬가 나타났습니다. 정말 오래된 옛날 돈이었습니다. 인공 지능 점원 로봇은 거기까지만 확인하더니 더 이상은 반응을 보이지 않았습니다.

전자 화폐

화폐는 어떻게 바뀌어 왔나?

자료는 남아 있지 않지만 화폐 역사는 만 년이 넘는 것으로 보고 있어요. 고대인들은 자신에게 없는 물건을 구하기 위해 자신이 갖고 있는 물건을 상대방의 물건과 바꾸는 물물교환 방식을 사용했어요. 그런 과정을 거친 다음에는 좀 더 편리하게 물건을 사고 팔 수 있도록 금이나 은, 혹은 소금과 같은 가치 있는 물품을 교환 수단으로 사용하기도 했어요. 하지만 이런 방식도 금이나 은을 들고 다녀야 한다는 불편함이 있어서 간단히 들고 다닐 수 있는 화폐를 발명해 냈어요.

이처럼 화폐는 쇠나 구리와 같은 금속 형태에서 종이에 가치를 적어 사용하는 지폐 형태로 진화해 왔어요. 최근에는 보이지 않는 화폐인 암호 화폐까지 등장하면서 화폐 발전의 역사는 빠르게 변하고 있어요.

5. 삼십 년 만에 나온 세상 79

아마도 이 일을 어떻게 처리해야 할지를 알지 못해 인공 지능 본부에 물어보고 있는 것 같았습니다.

"왜 그러시오?"

5. 삼십 년 만에 나온 세상　81

할아버지가 이렇게 묻자 잠시 후 인공 지능 점원 로봇이 대답했습니다.

"요즘에는 이런 돈을 쓰는 사람이 없어서요."

이번에는 할아버지가 놀랐습니다. 사실 할아버지는 삼십 년 동안 억울하게 옥살이를 하다가 이제서야 죄의 누명을 벗고 감옥에서 나온 사람이었습니다. 2025년에도 종이돈을 사용하기는 하지만 대부분은 핀테크를 사용합니다. 할아버지는 울상이 되었습니다.

2020년대에는 핀테크가 널리 알려져 많이 사용되고 있었습니다. 은행 업무와 돈을 쓰는 것이 결합되어 더 이상 종이로 된 돈을 갖고 다닐 필요가 없습니다. 갖고 다니는 스마트폰이나 입고 있는 웨어러블 기기로 결제를 할 수 있습니다. 민식이와 친구들이 먹고 있는 음료수나 아이스크림도 핀테크로 각자 결제한 것입니다.

민식이는 주로 지문 인식으로 계산합니다. 친구인 영식이는 홍채 인식으로 계산합니다. 기계에 눈만 대면 홍채를 인식하여 영식이라는 걸 확인하고 결제를 해 줍니다. 그 돈은 영식이 엄마 아빠가 핀테크를 통해 영식이 계좌로 돈을 보내주기 때문에 돈을 만져 본 지는 정말 오래되었습니다. 한마디로 모든 은행 업무와 물건을 사고파는 일이 전자 기기로 간단하게 해결되는 것입니다.

"왜 돈을 쓰지 않는 거요? 나는 종이돈밖에 없단 말이오!"

4차 산업 혁명 알아보기 전자 화폐

핀테크란 무엇일까?

핀테크는 금융을 뜻하는 파이낸셜(financial)과 정보 기술을 뜻하는 테크놀로지(technology)의 합성어예요. 다시 말해 인터넷이나 모바일 공간에서 돈을 보내고 받기도 하고 계좌를 이체하거나 디지털 화폐 등을 제공하는 서비스 산업을 핀테크라고 해요. 오래전부터 유무선 인터넷이 우리 주변에 깔리면서 자유로운 입출금 거래가 가능해지고 정보 통신과 금융이 합쳐지고 있어요. 흔히 볼 수 있는 현금 자동 입출금기 역시 그 결과물이라 할 수 있어요. 핀테크는 간편하게 금융 업무를 처리할 수 있기 때문에 전 세계 금융 분야에 혁명을 불러일으킬 것이라고 예측하고 있어요. IT 업체들도 핀테크가 새로운 시장이라 생각해서 개발에 힘쓰고 있어요. 우리나라의 경우 카카오페이, 뱅크월렛, 삼성페이 등등의 서비스가 이에 속한답니다.

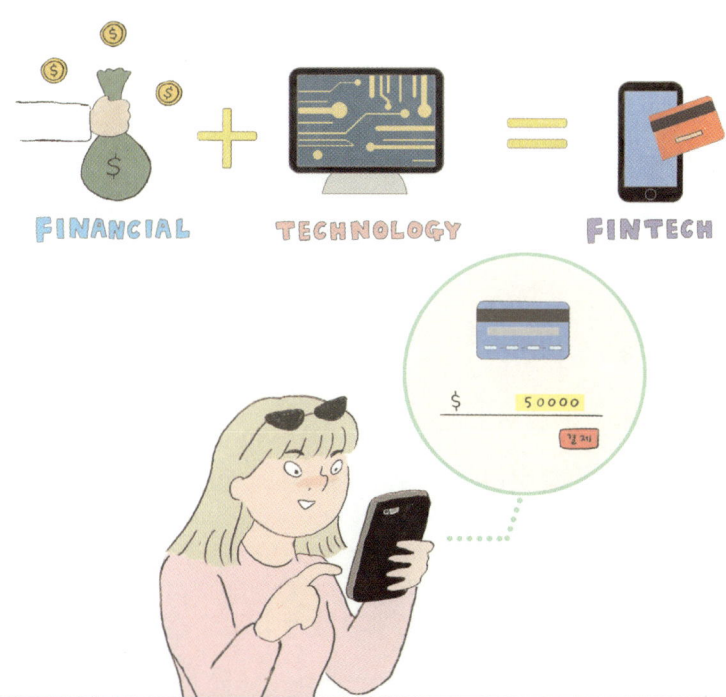

할아버지가 인공 지능 점원 로봇에게 항의했습니다.

"할아버지, 지폐보다 핀테크를 쓰면 편리합니다. 잠시 기다리세요. 본부에서 허락이 내려올 때까지요."

핀테크를 사용하면 돈을 갖고 다니다 잃어버리는 일이 없습니다. 또한 은행을 이용해서 돈을 주고받을 때는 수수료가 많이 발생하지만 핀테크를 이용하면 수수료도 줄어듭니다. 핀테크는 복잡한 결제 과정을 줄여서 바로 결제 정보를 주고받기 때문에 신용 카드 같은 것도 더 이상 갖고 다닐 필요가 없습니다. 할아버지가 말했습니다.

"감옥에는 도둑들이 많았소. 핀테크를 누군가가 몰래 이용할지도 모르잖소."

맨 처음에 핀테크를 이용할 때는 무척 복잡했습니다. 복잡한 과정이 있어야 돈을 안전하게 주고받을 수 있다고 생각했기 때문입니다. 하지만 복잡하다고 안전하다는 생각은 고정 관념이었습니다. 절차가 까다롭고 인증 단계가 많다고 반드시 안전한 건 아니었습니다.

사용자들이 간편하게 쓰면서 보안을 유지할 수 있는 방법이 있는데 바로 지문이나 홍채, 음성 등과 같은 생체 인식으로 핀테크를 이용하는 것입니다. 또한 보안성을 높이기 위해서 돈을 사용하는 사람의 소비 패턴을 빅 데이터와 인공 지능이 늘 관찰하고 있습

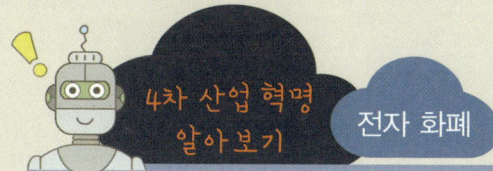

핀테크의 보안 문제는 어떻게 해결할까?

암호나 데이터 등으로 결제하는 방식으로 바뀌면서 보안 문제가 중요해지고 있어요. 이런 보안 문제에서 복잡하고 까다로운 인증 과정을 거쳐야 보안을 높일 수 있다는 생각은 편견이에요. 외국의 경우 이미 간소화된 금융 서비스가 보급되어 있어요.
복잡한 인증 과정 대신에 사용자가 어떻게 쓰는지에 대한 데이터를 기반으로 보안성을 높이는 것이 효과적이에요. 또한 홍채 인식, 지문 인식 등 생체 인식 시스템과 연결되어 있는 결제 시스템이 보안을 지킬 수 있는 대안으로 떠오르고 있지요.

니다. 천 원짜리 아이스크림이나 과자를 사 먹던 민식이가 갑자기 백만 원짜리 컴퓨터를 산다면 누군가가 민식이의 핀테크 정보를 쓰는 것이라고 인식하여 검증 절차를 까다롭게 하는 것이 핀테크의 보안 기술입니다. 그래서 대부분의 사람들이 안전하게 핀테크를 이용하고 있습니다.

"그래서 빵은 줄 수 있다는 거요, 없다는 거요?"

"빵을 드리겠습니다. 본부에서 결제가 났습니다. 하지만 할아버지! 이제는 핀테크를 활용하시는 게 편리하실 거예요."

투덜대며 인공 지능 점원 로봇에게 빵을 받아서 편의점을 나가는 할아버지를 보며 민식이와 친구들은 짧은 시간 동안 많은 기술이 빠르게 발전했다는 걸 알게 되었습니다.

"야, 저기 할아버지 꼭 장발장 같지 않냐?"

"맞아. 장발장 같아."

공부를 마친 아이들은 각자 계산대에 가서 주스 한 병씩을 홍채 인식과 지문 인식 그리고 음성 인식으로 결제한 뒤 받아들고 헤어졌습니다.

"내일 또 만나."

"공부 잘했어. 안녕."

아이들은 각자 자신이 가지고 있는 스마트 기기로 정보를 검색하며 집으로 향했습니다.

4차 산업 혁명 알아보기 — 전자 화폐

핀테크의 좋은 점은 무엇인가?

핀테크의 장점은 무엇보다도 편리하다는 점이에요. 쇼핑을 하거나 인터넷으로 은행 업무를 볼 때 간편하고 빠르게 결제할 수 있어요. 그리고 중간 수수료를 줄일 수 있어요. 핀테크를 이용하면 카드 단말기나 결제 회선 등을 이용하는 서비스 비용만 내면 되기 때문이에요. 그리고 가장 큰 장점은 신용 카드나 현금을 가지고 다닐 필요가 없다는 점이에요. 스마트 기기 하나만 있으면 결제가 가능하기 때문이죠. 이는 모두 생체 인식 시스템이 개발되어서 가능한 일이지요.

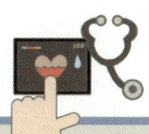

4차 산업 혁명 알아보기 — 전자 화폐

암호 화폐란 무엇일까?

암호 화폐인 비트코인은 지폐나 동전 같은 눈에 보이는 화폐와는 달리 유선 인터넷으로 연결된 컴퓨터나 휴대 전화와 같은 모바일 기기에서 쓸 수 있도록 만든 거예요. 2009년 등장한 암호 화폐는 최근 들어 결제 수단으로 쓰이고 있는데, 온라인 쇼핑몰인 아마존 등 각종 사이트에서 암호 화폐로 상품을 살 수 있어요.

아직 세계 곳곳에서 쓰지는 않지만 암호 화폐가 점점 많이 사용되면서 암호 화폐의 가격이 한때 크게 오르기도 했어요. 하지만 아직은 안정적으로 정착되지는 못하고 있어요. 암호 화폐는 한국을 비롯해 세계 여러 나라에서 화폐와 교환할 수 있는 거래소에서 거래되고 있기도 해요.

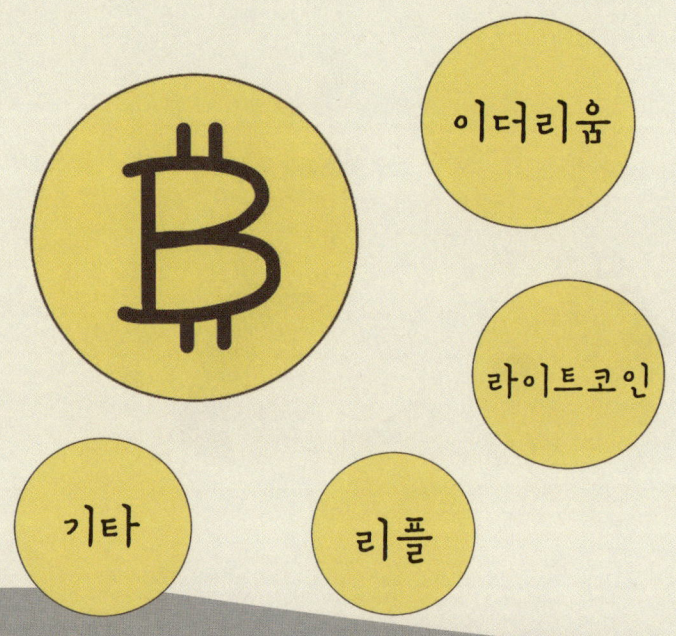

2009년 비트코인 개발을 시작으로 이더리움, 라이트코인, 리플 등의 암호 화폐가 생겼어요. 현재 비트코인과 이더리움이 암호 화폐 시장에서 가장 많이 사용돼요.

암호 화폐의 원리는 무엇인가?

거래

한 사용자가 다른 사용자 계좌로 돈을 보내려고 해요.

주문에는 공개키, 비밀키, 그리고 가상 지갑으로 거래를 인증할 수 있는 프로그램이 필요해요.

채굴

암호 화폐 네트워크

1. 주문은 암호 화폐 네트워크에서 대기하다 블록화되면 채굴자에게 넘겨져요. 채굴자는 블록의 서명인 해시값을 먼저 찾기 위해 경쟁해요.

2. 해시값을 먼저 찾은 채굴자는 보상으로 새로운 암호 화폐를 얻어요. 이 방식으로 새로운 암호 화폐가 발행되는 거예요.

블록체인
온라인에서 거래 내역을 확인할 수 있는 공공 장부

거래 정보는 '블록'으로 온라인에서 생성돼요. 그리고 네트워크의 모든 채굴자에게 '블록'이 전송돼요.

6. 가상 현실 글쓰기 교육

"민식아, 어서 작가 선생님에게 가야지."

엄마가 한창 게임을 하고 있는 민식이를 불렀습니다.

"잠시만요."

민식이는 방 안에서 홀로그램을 불러 올려서 가상 게임을 하고 있었습니다. 요즘 유행하고 있는 융합 현실 게임입니다. 민식이가 가장 좋아하는 것은 그 가운데서도 펜싱 게임입니다. 방 안에서는 민식이의 상대인 홀로그램의 게임 고수가 나와 민식이와 함께 펜싱을 겨루고 있었습니다.

"얍얍!"

허공을 가르며 게임봉을 휘두르고 있지만 민식이는 실제 현실에서 게임을 하는 것 같습니다. 상대방인 홀로그램은 민식이의 수준에 맞춰서 칼을 찌르거나 빼거나 합니다. 이게 바로 융합 현실 게임입니다. 융합 현실 게임은 과거의 PC 게임이나 모바일 게임과는 완전히 다릅니다. 게임의 각종 요소들이 민식이의 행동이나 음성에 반응을 하기 때문에 실제 펜싱 시합을 하는 기분이 듭니다. 땀이 뻘뻘 나면서 운동을 할 수 있어서 많은 사람들이 이러한 융합 현실 게임으로 다이어트를 하기도 합니다.

"어서 작가 선생님에게 가라니까."

엄마가 방문을 열고 잔소리를 했습니다.

"네. 4시에 꼭 갈게요. 그때 차가 와요."

민식이는 재빨리 게임을 끄고 화장실에 들어가 땀을 닦은 뒤 가방을 가지고 집 밖으로 나왔습니다. 아파트 앞에는 자율 주행 자동차가 기다리고 있었습니다. 스케줄을 미리 입력해 놓으면 이렇게 자율 주행 자동차가 집 앞까지 와서 태워 갑니다.

차에 앉은 민식이는 선생님이 써 오라고 한 숙제를 자동차 앞 창문에 불러 올려 읽어 보고 있었습니다. 민식이의 꿈은 작가입니다. 융합현실 게임의 스토리를 짜는 작가가 되는 게 꿈입니다. 그래서 글쓰기 교육을 받으러 작가 선생님에게 가는 길입니다.

자율 주행 자동차는 작가 선생님의 집까지 알아서 민식이를 태워 갑니다. 차창에 떠오른 글을 읽으며 민식이는 고민합니다. 고

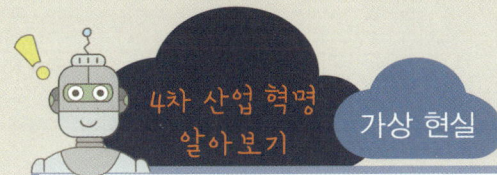

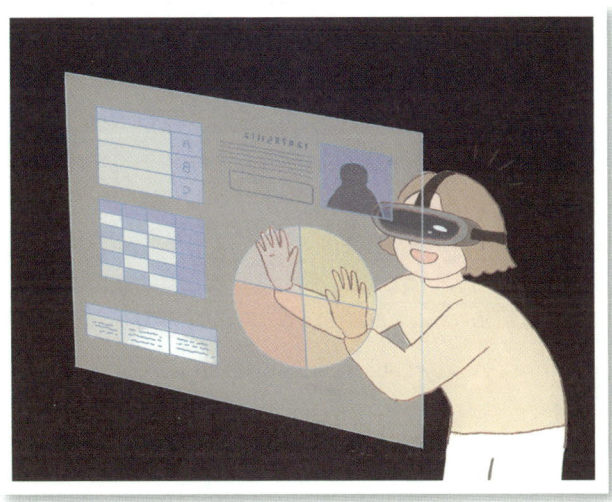

가상 현실은 무엇인가?

현실이 아니지만 현실 상황처럼 보이고 생각하게 만드는 것을 가상 현실이라고 해요. 컴퓨터를 통해 마치 사용자가 실제 주변 환경과 똑같다고 착각하게 만드는 기술이에요. 가상 현실을 이용하려면 헤드셋, 특수복, 장갑 등의 도구가 필요한데 이 도구로 컴퓨터가 만들어 낸 환경을 제어할 수 있어요.
가상 현실은 1960년대 3D 컴퓨팅을 이용한 상호 작용 연구를 시작으로 우주선이나 비행기 조종사를 위한 모의실험을 할 때 쓰였어요. 그 뒤 영화 〈매트릭스〉나 〈아바타〉를 통해 가상 현실이 대중화되었고, 2010년대에 들어와 기술이 발달하면서 로봇 공학, 우주 과학, 생명 과학, 의학 등에서 활용되고 있어요.

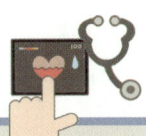

쳐야 될 부분에 손을 대면 알아서 문자가 바뀌며 문장이 고쳐집니다. 이렇게 고치고 있는 글은 이미 글쓰기를 지도하는 작가 선생님도 보고 있습니다. 민식이가 쓰는 모든 글은 인공 지능에 의해 작가 선생님과 연결되어 있습니다. 자동차가 교통질서를 지키며 가고 있는 동안 차창 밖을 내다보니 게임 라운지 빌딩이 보였습니다. 이곳은 전 세계 게임을 판매하는 게임 백화점입니다. 차창에 게임 라운지 빌딩에 관한 정보가 떠올랐습니다. 민식이가 고개를 돌려 건물을 보고 건물에 대해 궁금해하면 그 건물이 무엇을 하는 곳이며, 어떤 시설이 있는지 소개하는 정보가 차창에 떠오릅니다. 이것이 바로 증강 현실입니다.

"아, 옛날에 포켓몬 게임이 재밌었는데."

과거에 증강 현실로 포켓몬을 잡는다고 사람들이 스마트폰을 들고 전국을 돌아다니던 시절이 생각났습니다. 그러나 융합 현실이 생기면서 증강 현실은 한물간 게임이 되고 말았습니다. 그사이 자율 주행차가 선생님 집에 도착했고 민식이는 자율 주행차에서 내렸습니다. 자율 주행 자동차는 다음 손님을 태우러 떠나고 민식이는 선생님의 집 서재로 들어갔습니다.

"선생님, 안녕하세요?"

선생님도 융합 현실로 홀로그램 입체 영상을 불러내어서 뭔가를 살피고 있었습니다.

증강 현실은 무엇인가?

증강 현실은 현실에 있는 물건에 대해 컴퓨터 기술을 통해 사용자에게 추가 정보를 제공하는 거예요. 예를 들면 책의 인쇄된 그림에 스마트폰을 대면 그림과 관련된 정보가 떠오르는 거예요. 또한 길거리에서 어떤 사물이 궁금해서 사물을 화면으로 찍었을 때 그 사물에 대한 정보가 나타나는 것을 증강 현실이라 해요. 한마디로 현실에 추가 기능을 더하는 것이기 때문에 가상 현실과는 차이가 있어요.

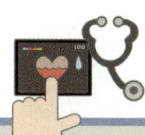

"최신식 원자력 휠체어가 나왔다고 해서 보고 있는 중이야."

선생님은 어렸을 때 병에 걸려 다리가 불편합니다. 장애를 가지고 있지만 꾸준히 작품을 써서 온 국민의 사랑을 받는 작가가 되었습니다. 선생님의 서재에 입체 영상으로 떠올라 있는 휠체어는 원자력을 이용한 최첨단 휠체어입니다. 초미니 원자로에서 힘을 내기 때문에 한번 전지를 끼우면 몇 년간 충전 없이 움직이는 멋진 휠체어입니다.

"선생님 이거 새로 사시게요?"

"응. 편리할지 어떨지 살펴보는 중이란다."

선생님이 버튼으로 조작하자 휠체어 영상은 360도 회전을 하며 궁금한 곳을 바로바로 보여 주었습니다. 동시에 휠체어의 엔진 성능이라든가 궁금한 기능을 말만 해도 자동으로 설명해 주었습니다.

"잘 구경했다. 이제 공부 좀 해야지?"

선생님이 민식이를 바라보았습니다. 민식이는 갑자기 오그라드는 느낌이 들었습니다.

"아까 쓴 글 잘 읽었어. 미리미리 쓰랬더니 차를 타고 오면서 고치더구나."

"죄송해요. 선생님. 아까 펜싱 게임하느라고요."

"네가 오늘 쓴 글은 말타기에 대한 글이었잖아?"

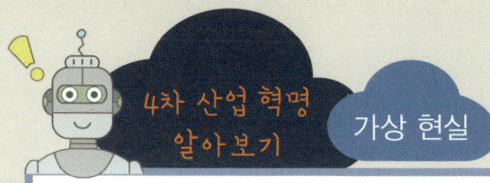 

융합 현실은 무엇인가?

가상 현실 시대가 본격적으로 시작되면서 초현실의 완성이라 할 수 있는 융합 현실이 나타났어요. 융합 현실은 가상의 입체 영상인 홀로그램과 연결되어 보여 주는 기술이에요.
현재까지 홀로그램은 스마트폰이나 특수한 디스플레이를 통해서만 볼 수 있었지만 융합 현실 기술을 이용한 홀로그램은 원하는 곳이라면 어디든 제약 없이 불러낼 수 있어요.
한마디로 융합 현실은 증강 현실과 가상 현실을 결합한 기술이에요. 융합 현실은 가상 현실의 장점인 높은 몰입도와 증강 현실의 장점인 현실성을 합친 거예요. 중요한 것은 기존 기술에 비해 훨씬 높은 몰입도를 제공한다는 점이에요.

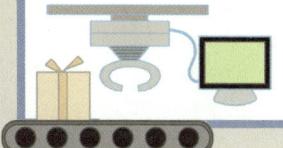 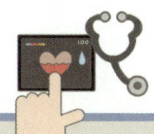 

민식이는 숙제로 승마에 대한 글을 쓰고 있었습니다. 하지만 사실 민식이는 말을 타 본 적이 한 번도 없었습니다.

체험 없이 글을 쓰니 글 내용이 부족하다고 생각했는지 선생님은 가상 현실로 말을 타 보라고 권유했습니다. 선생님은 VR 기기를

민식이에게 씌워 주었습니다. 가벼운 헤드폰 같은 VR 기기로 눈을 가리고 양손에 기기를 잡고 가상 현실 의자에 앉자 민식이 앞에는 가상 공간이 떠올랐습니다. 선생님이 명령어를 입력했습니다. 그러자 민식이 눈에는 제주도의 푸른 초원이 펼쳐지고 말 등

에 올라탄 것처럼 코앞에 말갈기가 보였습니다. 말은 서서히 달리기 시작했습니다. 앉아 있는 의자도 말이 달리는 발걸음에 따라 흔들렸습니다. 좌우로 고개를 돌리니 제주도의 풍경이 보였습니다. 이것이 바로 가상 현실입니다. 처음에 가상 현실은 군사적 용도로 비행기 조종을 훈련하거나 우주선 조종사에게 모의 비행 훈련을 하기 위해 보급되었습니다. 그랬던 것이 효과가 입증되어 지금은 이렇게 인공 지능 기술과 연결되어 가상 현실이라는 용어로 쓰이고 있습니다. 인간의 오감을 통한 공간 감각을 재현하게 된 것입니다.

사용자의 컴퓨터에 설치된 뷰어를 통해 인터넷 공간 안에 캐릭터를 창조한 뒤 그 안에서 마음껏 체험하며 움직일 수 있게 되었습니다. 이것보다 더 나아간 것이 몰입형 가상 현실입니다. 몰입형 가상 현실에서는 특수하게 제작된 헬멧을 쓰고 특별한 환경에서 실시간으로 화면에 나타나는 장면에 따라 움직일 수 있습니다. 사용자가 그곳에 존재한다는 착각을 하게 만드는 것이지요. 그때 선생님이 말했습니다.

"달려!"

갑자기 말이 달리기 시작했습니다. 민식이가 앉아 있는 의자도 격렬하게 흔들렸고 민식이는 말을 탄 채 초원과 숲속을 헤쳐 나가는 것처럼 느껴졌습니다.

가상 현실의 역사는 무엇인가?

가상 현실은 1966년 미국의 컴퓨터 과학자 이반 서덜랜드가 머리에 쓰고 체험할 수 있는 헤드 마운티드 디스플레이(Head Mounted Display)를 개발하면서 시작되었어요. 그는 이 공로로 1988년 튜링상(컴퓨터 과학 분야에 업적이 있는 사람에게 주는 상)을 받았어요.

이후 이 기술은 우주 과학, 군사·의료 기관에서 활용되었어요. 그 뒤 제이런 레이니어가 이전부터 사용하던 인공 현실이란 용어를 가상 현실로 바꿨어요. 그러면서 가상 현실은 컴퓨터 기술로 인간의 오감을 이용해서 공간 감각을 만들어 낸다는 뜻을 갖게 되었지요.

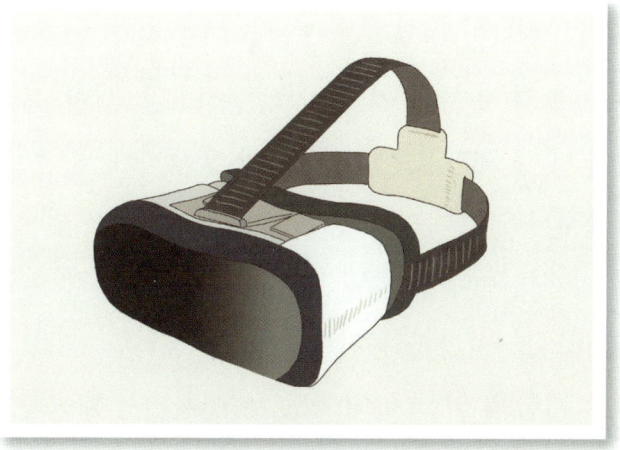

헤드 마운티드 디스플레이를 쓰면 눈앞에서 생생한 영상을 볼 수 있어요.

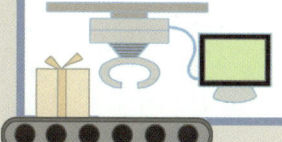
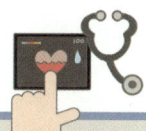
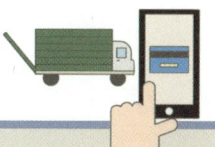

"어지러워요!"

가상의 말을 두 손으로 꽉 잡자 조금 덜 흔들렸습니다. 말을 타고 가다 보니 다른 말들이 나타나기도 하고 아주 넓은 목장이 평화롭게 펼쳐져 있기도 했습니다. 증강 현실 효과 덕분에 말의 종류와 이름 그리고 능력들이 화면에 떠올랐습니다.

"자, 이제 그만 가상 현실에서 나오자."

민식이는 가상 현실에서 아직 벗어나지 못한 상태였습니다. 생생하게 말을 탄다는 게 뭔지 느껴졌습니다.

"그러면 네가 지금 여기에 써 놓은 '말을 타니 자동차처럼 빠르게 달렸다.'라는 문장을 어떻게 고치면 좋을까?"

"말을 타니 정신없이 흔들려서 온몸의 근육이 긴장되네요."

"그렇지? 그런 표현을 써 줘야 생생하게 느낌이 전달되는 거야. 민식이 네가 체험을 했기 때문에 생생하게 표현할 수 있는 거란다. 그래서 작가에게는 경험이 많이 필요하지."

기술이 발전하며 수없이 많은 가상 현실과 증강 현실이 생겨 장애가 있더라도 시간과 공간의 제약을 극복할 수 있게 되었습니다. 가상 체험을 위한 미디어도 누구나 가능하도록 애니메이션이나 이미지, 오디오 등으로 다양해졌습니다. 그래서 생생한 느낌을 담은 글을 쓰는 데에도 많은 도움이 되었습니다. 가상 현실로 말을 탄 민식이는 다음과 같이 표현했습니다.

"말 등에 올라타 흔들리자 멀미가 나서 메슥거리며 토가 나오려고 했다."

"처음 말을 타면 이렇게 멀미할 수도 있지."
"선생님. 잠깐만요. 저 진짜예요."
 민식이는 서둘러 화장실로 가더니 웩웩대며 토하고 나왔습니다. 눈물이 그렁그렁한 얼굴을 보고 선생님은 말했습니다.
"가상 현실을 제대로 느꼈구나."
"헤헤! 글 쓰는 건 정말 힘들어요."
"그래. 그러면 내가 오늘은 특별한 상을 하나 주지. 융합 현실 게임 한 번 하고 가거라."
 이번에는 민식이가 축구 게임을 하기로 했습니다. 최고의 축구 선수들과 민식이가 시합을 하는 동안, 작가 선생님은 흐뭇한 미소로 제자를 바라보았습니다.

가상 현실의 미래는 어떠한가?

증강 현실과 가상 현실의 장점이 합쳐진 융합 현실은 기존의 기술보다 훨씬 높은 몰입도를 제공해요. 그래서 가상 현실 기술은 융합 현실 기술 쪽으로 발전할 거예요. 또한 융합 현실 기술은 게임, 의료, 교육 분야 등의 여러 분야에서 쓰이고 있어요. 그리고 무선으로 가상 세계를 만들어 주기 때문에 앞으로 그 활용 분야가 더 다양해질 거예요.
많은 기업들도 융합 현실 기술 개발에 큰 관심을 가지고 투자를 아끼지 않고 있어요. 머지않아 많은 사람들이 휴대 전화 대신 융합 현실의 기술을 이용할 수 있는 기기를 사용할 거예요.

가상 현실의 종류

가상 현실 기술은 사용자가 활용되는 시스템에 따라 사이버 공간형 가상 현실과 몰입형 가상 현실로 분류할 수 있어요.

사이버 공간형 가상 현실

사이버 공간형 가상 현실은 인터넷이 연결된 사이버 공간에서 모의실험을 하는 거예요. 사용자 컴퓨터에 설치된 뷰어를 통해서 인터넷 공간에 캐릭터를 만든 뒤, 그 안에 살면서 여러 사람과 교류하고 일상생활이나 경제 활동을 할 수 있지요. 수많은 롤플레잉 게임이나 전략 게임이 여기에 속해요.

몰입형 가상 현실

몰입형 가상 현실은 입체 화면이 달린 헬멧을 쓰고 모의 환경에 들어가 움직임을 통해 화면에 시야를 조정하는 거예요. 실제로 사용자는 그곳에 있다는 느낌을 받아요. 사용자의 시선이나 걸음걸이에 따라 시야나 원근감이 바뀌어 가상의 공간들을 느낄 수 있어요.

7. 평범한 하루

　민식이는 아침에 눈을 뜨자 목이 칼칼하고 열이 나며 배가 아팠습니다.
　"콜록콜록!"
　기침을 하며 화장실에 갔습니다. 하지만 화장실 입구에서 휘청거리며 쓰러질 뻔했습니다. 이 모습을 본 엄마가 말했습니다.
　"어머! 민식아 너 어디 많이 아프니? 식은땀이 많이 흐르네!"
　모니터로 뉴스를 보던 아빠가 다가왔습니다.
　"의사 선생님에게 화상 진료 좀 받아 봐라."
　대개 이럴 경우 홈닥터에게 병원 진료를 받습니다. 의사 선생님과 인터넷으로 연결을 하면 모니터로 얼굴을 보면서 집에서 편하게 진료를 받을 수 있기 때문입니다. 병원에 연결을 하자 의사 선생님이 나와 민식이의 상태를 살폈습니다. 입을 벌려 보라고도 하고 체온을 재게 한 뒤 데이터를 보내자 의사 선생님은 말했습니다.

"잠시만 기다려. 왓슨의 진찰 결과도 함께 볼게."

인공 지능 의사인 왓슨이 민식이의 자료를 살피더니 진찰 결과를 알려 주었습니다. 요즘 유행하는 인후염이었습니다.

"인후염은 바이러스에 의해서 감염되었을 수 있으니까 엄마 아빠와 떨어져 있어야 해. 손도 자주 씻고 수건을 같이 쓰거나 음식을 나눠 먹지 말도록 해라. 네가 요즘 로봇을 개발한다고 신경을 많이 쓴 모양이구나. 푹 쉬고 면역력을 기르면 곧 나을 거야. 선생님도 어렸을 때 그런 자잘한 병에 많이 걸렸지만 이렇게 의사가 되었잖아."

의사 선생님은 친절하게 주의할 점 등을 말해 주고 약은 드론으로 보내 주기로 했습니다. 2025년에는 인공 지능 의사 왓슨이 널리 쓰이고 있습니다. 인간들의 각종 질병 데이터를 풍부하게 가지고 있는 왓슨 덕분에 의사가 진찰을 하면서 병을 잘못 진단할 일은 거의 없어졌습니다. 이미 인공 지능이 전문 의사의 능력을 훌쩍 뛰어넘었기 때문입니다. 많은 의사들이 직업을 바꾸기도 했지만 민식이의 주치의처럼 자상하게 아이들을 살펴 주며 소통하는 의사는 직업을 바꾸지 않았습니다. 인공 지능이 아직까

4차 산업 혁명 알아보기 — 인공 지능

인공 지능 의사 왓슨은 무엇인가?

인공 지능 의사 왓슨은 엄청난 양의 치료 사례를 기억하고 있어요. 기억하고 있는 양이 어마어마해서 거의 의학 정보 도서관이라고도 할 수 있어요.

인간의 기억 능력으로는 따라갈 수가 없지요. 그렇기에 인공 지능의 도움을 받으면 대부분의 의사들이 실수 없이 환자의 병을 진단할 수 있게 될 거예요.

많은 양의 의료 지식을 왓슨에게 맡기게 되면서 앞으로 의사의 역할도 변하게 될 수밖에 없어요. 의사는 환자와 대화를 나누고 환자의 생활 습관이나 심리 상태를 상담해 주는 업무를 주로 하게 될 거예요.

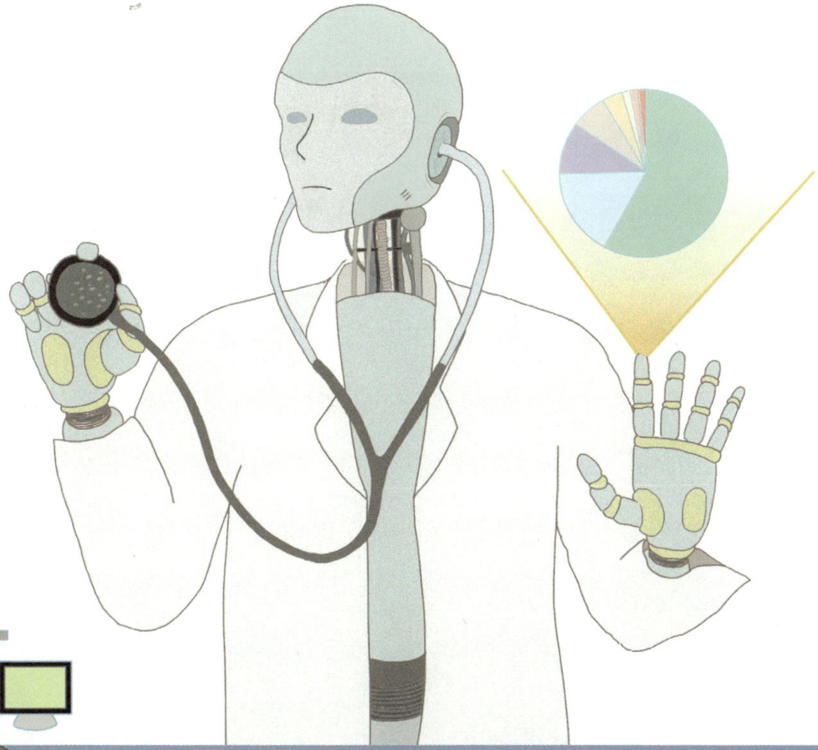

지 그러한 능력을 갖추지 못했기 때문입니다. 그러다 보니 오히려 환자의 입장을 잘 헤아리고 마음을 편안하게 해 주며 공감 능력이 뛰어난 의사들은 더욱더 인기를 끌었습니다. 드론이 배달해 준 약을 먹자 민식이는 금세 몸이 좀 나아지는 것 같았습니다. 마스크를 쓰고 손에 장갑을 낀 뒤 사용한 식기들을 소독하고 나자 이번에는 자율 주행 자동차를 타고 엄마의 보험 설계사가 찾아왔습니다.

"민식이 어머니, 안녕하세요?"

"어서 오세요."

엄마 아빠는 미래에 대비해서 보험에 가입했었습니다. 과거에는 보험 설계사가 고객을 직접 만나 보험 상품을 설명하며 보험 영업을 했지만 이제는 보험 영업도 인공 지능이 압도적으로 잘하게 되었습니다. 인공 지능이 고객에게 필요한 정보와 데이터를 정확하고 빠르게 제공해 주기 때문입니다. 그래서 많은 보험 설계사들이 직업을 바꾸었지만 설득력이 좋고 친화력이 있는 보험 설계사들은 일을 계속할 수 있었습니다. 보험 설계사가 가져온 단말기에 기록된 데이터에는 민식이네 가족의 미래 지출 내역과 질병 확률에 대한 모든 것이 정리되어 있었습니다. 인공 지능의 도움을 받기 때문에 보험료를 계산하거나 보험금을 지급하는 일은 순식간에 해치울 수 있습니다. 오히려 중요한 건 보험 고객

4차 산업 혁명 알아보기 — **인공 지능의 미래**

드론의 활용, 어디까지?

드론 택배는 지상에서 드론을 원격 조종해서 신속 정확하게 물건을 배달하는 것이에요. 헬리콥터와 같은 원리로 비행하는 드론은 미리 프로그램된 경로에 따라 이동해요. 그리고 GPS를 이용해 물건을 정확한 장소에 배달할 수 있어요.
2013년 미국의 한 온라인 서점에서 드론 배송 서비스를 처음 시작한 이후, 여러 IT(정보 통신 기술) 기업들이 드론을 상업적으로 이용하고 있어요. 특히 군사·과학·농업 분야에서 활발히 사용하고 있지요. 예를 들어 드론을 이용해 농사를 하면 넓은 지역에서 기르는 농작물을 잘 파악할 수 있고, 농약을 골고루 흩어 뿌려서 병충해 관리를 손쉽게 할 수 있어요. 하지만 많은 사람들이 쉽게 드론을 갖게 되면서 관련 법규를 만들 필요성이 커졌어요.

 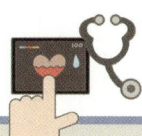 

7. 평범한 하루

과 보험 설계사의 대화와 소통입니다.

"지금 민식이네 가족은 운동을 좀 더 하셔야 해요. 건강 진단 검진 결과를 보니까 부족한 영양소를 챙겨 드시고, 몸무게를 줄이면 기대 수명이 더 늘어날 수 있어요. 당연히 보험료도 내려가

고요. 제가 좋은 헬스클럽을 소개해 드릴까요?"

이런 일은 인공 지능이 할 수 없는 것이었습니다. 보험 설계사

7. 평범한 하루 113

는 고객이 필요한 것을 미리 알고 자기가 가지고 있는 정보를 잘 소개해 주었습니다. 인공 지능이 따라올 수 없는 업무를 하기 때문에 이런 것을 잘하는 사람은 보험 영업을 그만두지 않았습니다. 민식이네 담당 보험 설계사도 한때는 일을 그만둘까 고민했다고 합니다. 하지만 지금은 인공 지능을 잘 활용해 오히려 담당 고객이 늘었습니다.

보험 설계사와 이야기를 마치자 엄마는 아빠에게 백화점에 나갈 일이 있다고 말했습니다. 아빠도 변호사와 만날 일이 있다고 해서 몸 상태가 조금 좋아진 민식이도 따라나섰습니다. 아빠의 변호사를 만난 뒤 그 옆에 있는 백화점에 들르기로 한 것입니다.

"변호사와 화상으로 이야기하면 되잖아요?"

이때는 인공 지능이 변호사가 하는 일마저도 대체하고 있었습니다. 인공 지능 변호사인 로스는 1초에 1억 장의 문서를 처리하는 속도로 법률 문서를 검토하고 판례를 해석합니다.

"아빠. 인공 지능 때문에 변호사들도 많이 그만두는 거 아니에요?"

"아빠 담당 변호사가 말하는데 인공 지능은 변호사가 하는 일을 지원하기만 할 뿐이지 완전히 바꿀 수는 없다고 하더라."

자율 주행차를 타고 변호사 사무실로 가면서 아빠가 말했습니다. 변호사 일은 너무나 복잡합니다. 수없이 많은 법원의 판례를

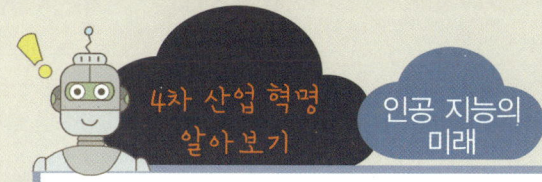

인공 지능과 변호사가 함께 일하기

현재 인공 지능 변호사 '로스'가 대형 법률 회사에서 일하고 있어요. 하지만 인공 지능 변호사는 사람을 만나 공감하거나 조정하는 등 인간 변호사가 하는 역할을 아주 똑같이 하기에는 한계가 있어요.
그렇지만 인공 지능 변호사는 엄청난 양의 법조문과 판례를 저장하고 있어서 인공 지능 변호사의 도움을 받으면 변호사 업무도 훨씬 쉬워질 수 있어요. 한마디로 인공 지능이 판례를 검토해 주어 변호사들은 서비스에 더욱 집중하게 되지요.
미래에는 인간 변호사와 인공 지능 변호사가 서로의 장단점을 보완해 가면서 함께 일하는 모습을 어렵지 않게 볼 수 있을 거예요.

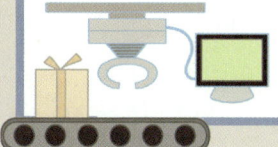
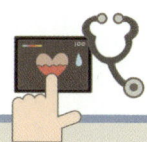

알고 있어야 하고 고객들마다 각기 다른 여러 가지 사정을 파악해야 하기 때문입니다. 하지만 변호사 업무를 도와주는 인공 지능의 등장으로 시간이 많이 걸리는 일을 빠르게 처리할 수 있게 되면서 시간이 절약되었습니다. 어떤 사람들은 인간이 인공 지능 변호사에게 밀려날 가능성도 크다고 말했습니다. 하지만 현실은 조금 달랐습니다.

자율 주행 자동차가 변호사 사무실에 내려 주자 민식이네 가족들은 담당 변호사 사무실로 들어갔습니다.

"어서 오세요. 반갑습니다."

아빠의 담당 변호사는 아주 깔끔한 모습이었습니다. 로봇이 차를 대접하자 담당 변호사는 홀로그램을 띄워 놓고 아빠와 이야기를 나누었습니다.

"그간 고민이 많으셨죠? 명예 훼손. 그거는 그쪽에서 잘못한 것이기 때문에 고객님 회사에서는 걱정하실 게 없어요. 로스가 판례를 분석해 보니까 승률이 90% 이상입니다."

변호사는 아주 자상하게 분위기를 파악하고 아빠가 고민하던 것에 공감해 주었습니다. 덕분에 아빠는 안심이 되었습니다. 민식이는 인공 지능 변호사가 늘어나고 있지만 변호사의 모든 업무를 다할 수 없다는 것을 느꼈습니다.

"변호사님. 저 질문 있어요. 변호사님은 어떻게 인공 지능을 이

기셨어요?"

민식이의 질문에 담당 변호사는 아주 친절하게 대답했습니다.

"인공 지능을 이긴 건 아니야. 나도 이렇게 인공 지능을 쓰잖니."

변호사 사무실의 벽에 있는 커다란 모니터에 인공 지능 변호사 로스가 떠올랐습니다. 담당 변호사는 인공 지능 기술을 적극적으로 받아들이는 분이었습니다. 인공 지능이 등장하자 시간을 절약하게 되었고 그 절약된 시간으로 고객들에게 더 다정하게 대해 주며 관리를 할 수 있었습니다.

"아빠, 배고파요."

"그새 감기가 다 나은 모양이군."

변호사 사무실을 나온 민식이네 가족은 개운한 마음으로 가까운 식당으로 들어갔습니다.

"어서 오세요. 몇 분인가요?"

서빙용 로봇이 다가와 안내해 주었습니다. 테이블에 있는 메뉴판의 버튼을 누르자 자동으로 음식이 나왔습니다. 민식이네 가족은 맛있게 음식을 먹으며 그날 하루를 행복하게 마무리할 수 있었습니다. 아주 평범한 2025년 가을의 어느 날이었습니다.

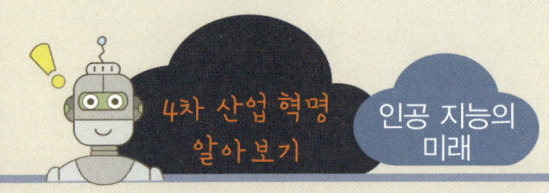

4차 산업 혁명 시대는 어떻게 진행될까?

4차 산업 혁명 시대에는 힘들고 단순한 작업을 인공 지능과 로봇이 주로 하게 될 거예요. 그리고 사람들은 좀 더 고급스러운 일 혹은 인공 지능이나 로봇이 대체할 수 없는 예술, 감성, 창조, 창작 등을 하게 될 거고요. 이에 따라 인간이 좀 더 인간다운 삶을 살게 될 거라고 예상하는 사람도 많아요.

4차 산업 혁명에 대한 관심은 점점 높아지고 있어요. 4차 산업 혁명으로 일자리가 없어질지, 어떤 직업이 4차 산업 혁명에 의해 영향을 많이 받고 어떤 직업이 덜 받을지, 업무는 어떻게 변화할지, 어느 시점부터 변화가 시작될지 등 많은 사람들이 걱정과 관심을 가지고 있지요.

그렇다면 4차 산업 혁명을 어떻게 준비해야 할까요? 지금 바로 4차 산업 혁명이 우리 사회와 직업 세계에 미치는 영향을 정확히 예측하고 분석하기는 어려워요. 왜냐하면 아직 4차 산업 혁명이 시작 단계이며 인공 지능 같은 기술적 발전이 얼마나 성장할지 아무도 모르니까요. 4차 산업 혁명이 우리 사회와 직업 세계에 어떤 영향을 가져올지 좀 더 시간을 두고 지켜봐야 해요.

인공 지능은 어디까지 활약할까?

인공 지능은 이미 스포츠, 비서, 금융, 의료, 법률 상담, 운송 등 다양한 분야에서 활동 중이에요. 2016년 미국의 컴퓨터·정보 기기 제조업체인 IBM의 인공 지능 컴퓨터 '질 왓슨'은 조지아 공대에서 학생들의 수강 신청과 관련된 질문에 답변하는 학습 조교의 업무를 성공적으로 수행했어요. 또한 빅 데이터를 바탕으로 투자자에게 투자 자문을 제공하는 금융권의 인공 지능 '로보 어드바이저'는 투자 목적과 투자 기간, 목표 수익률 등의 간단한 질문을 통해 고객의 투자 성향을 분석한 뒤, 고객에게 적합한 포트폴리오, 추천 상품 및 예상 수익률을 알려 주고 있어요.

이처럼 인공 지능은 '퀴즈쇼'나 인간과 인공 지능의 '바둑 대결'처럼 일회성에 그치지 않고, 우리의 일상생활에 들어와 점차 인간이 하는 일을 대신하며 능력을 보여 주고 있어요.

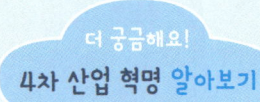
더 궁금해요!
4차 산업 혁명 알아보기

4차 산업 혁명이 뭐지?

18세기 영국에서 시작된 증기 기관과 기계화로 대표되는 1차 산업 혁명, 19세기 전기의 발명으로 시작해서 대량 생산이 본격화된 2차 산업 혁명, 20세기 후반 컴퓨터에 의한 정보화 및 자동화 생산 시스템이 이끈 3차 산업 혁명에 이어 인공 지능, 로봇, 생명 과학 등이 정보 통신 기술과 융합되어 나타나는 혁신적 변화를 4차 산업 혁명이라 해요.

4차 산업 혁명 — 현재

지능화
인공 지능을 바탕으로 한 차세대 혁명

3차 산업 혁명 — 1970년대 초반

자동화
컴퓨터와 인터넷을 바탕으로 한 지식 정보 혁명

2차 산업 혁명 — 19~20세기 초반

전자화
전기 에너지를 바탕으로 한 대량 생산 혁명

1차 산업 혁명 — 18세기 후반

기계화
증기 기관을 바탕으로 한 기계화 혁명

4차 산업 혁명이 이어지면 일자리는 어떻게 변할까?

2016년 세계경제포럼*은 여러 관점에서 4차 산업 혁명의 주요 변화 원인을 분석했어요. 사회 경제적 관점에서는 업무 환경의 변화, 중산층의 증가 등을 주요 변화 요인으로 예상했어요. 기술적 관점에서는 모바일 인터넷, 빅 데이터, 사물 인터넷, 인공 지능 등의 기술을 주요 변화 요인으로 꼽았어요.

이러한 사회 변화는 일자리에도 영향을 주어요. 인공 지능, 바이오 등의 과학 및 기술 분야의 일자리는 많아지지만 인공 지능 로봇의 발달로 전체 일자리는 줄어들 것으로 예상하고 있어요.

*세계경제포럼 : 세계의 유명한 기업인, 정치인, 경제학자, 언론인 등이 모여 경제 문제에 대해 토론하는 국제 민간 회의.

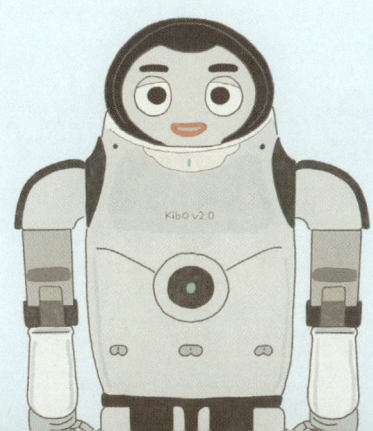

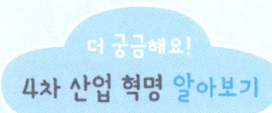

어떤 일자리가 사라질까?

세계경제포럼은 2015년부터 2020년까지 가장 많이 사라지는 일자리는 사무·행정 분야(475만 개)이고, 가장 많이 생기는 일자리는 사업·재정 운영(49만 개)이라고 발표했어요.

구글이 선정한 최고의 미래학자 토머스 프레이도 2030년까지 일자리 20억 개가 없어지고, 4차 산업 혁명으로 인한 변화 때문에 새로운 일자리가 생겨날 것으로 예측했어요.

영국의 옥스퍼드 대학은 2013년 '고용의 미래' 보고서를 통해 인공 지능의 등장으로 인해 없어지게 될 직업 순위를 발표했어요. 그 결과 약 47%의 일자리가 컴퓨터 때문에 없어질 수 있다는 분석이 나왔어요. 컴퓨터로 대체될 확률이 높은 직업은 텔레마케터, 재봉사, 시계 수리공, 배달원, 사진 현상원, 은행원 등의 순서였어요.

한국고용정보원에서도 2016년 자동화 기술의 발전에 따라 일자리의 상당 부분이 인공 지능과 로봇으로 바뀌게 될 것이라고 발표했지요.

어떤 일자리가 살아남을까?

4차 산업 혁명 때문에 새로운 일자리가 많이 생길 거라고 예상하는 사람들은 4차 산업 혁명이 일자리에 미치는 영향이 적거나, 인공 지능으로 바뀌지 않는 일자리가 많다고 생각해요. 특히 사람과 만나며 관계 형성 및 감성적 스킬이 필요한 승무원, 피아노 연주자, 코디네이터, 미용사 등과 같은 직업은 로봇이 대체하지 않을 거라고 예상해요. 그리고 자동화 로봇의 개발이 쉽지 않은 목수, 수리 기사, 제빵사 등과 같은 직업 또한 인공 지능 때문에 없어지지 않을 거라고 예상해요.

2016년 초, 세계경제포럼에서 발표한 직업의 미래 보고서에 따르면 2020년을 전후로 인공 지능이 많은 일자리를 차지하게 될 거라고 예상하고 있어요. 하지만 단순하고 반복적인 업무가 아닌 의사 결정과 감성이 중요한 일자리는 인간이 꼭 해야 하기 때문에 무조건 일자리에 대해 불안감을 느끼지 않아도 돼요.

다만, 우리 사회가 인공 지능과 로봇을 중심으로 한 4차 산업 혁명을 이끌려면 창의성과 감성 및 소통을 강조하는 교육으로 바꿔야 한다고 많은 전문가들은 강조하고 있어요.

더 궁금해요! 4차 산업 혁명 알아보기

4차 산업 혁명과 유망 직업

빅 데이터 분석가

하는 일

빅 데이터 분석가는 실시간 쏟아지는 빅 데이터를 어떻게, 어디에 쓸 건지 계획을 세우는 일을 해요. 예를 들어 모바일 쇼핑몰을 운영한다면 나이대 별로 즐겨 찾는 검색어는 무엇이고, 어느 사이트에 자주 가며, 실제 물건을 살 때 가격과 상품 평가 중 어떤 것이 영향을 미치는지 미리 분석해 보는 일을 한답니다.

적성 및 흥미

빅 데이터 분석가는 기본적으로 통계학에 대한 지식과 데이터 분석을 위한 전문적인 능력이 필요해요. 여기저기 흩어져 있는 데이터를 모으고 새로운 데이터로 만드는 데 흥미를 가진 사람에게 좋아요.

정규 교육 과정

대학에서 통계학이나 컴퓨터 공학, 기계 공학 등을 전공하면 도움이 돼요. 빅 데이터를 활용할 수 있는 기초 지식과 기술을 우선 갖춰야 하기 때문이에요. 또한 경영학이나 마케팅 분야의 지식과 경험을 쌓아 두면 좋아요.

4차 산업 혁명과 유망 직업

인공 지능 전문가

하는 일
인공 지능 전문가는 영상 및 음성 인식, 로봇, 통신 등에 사용되는 반도체 및 응용 기술을 연구하고 개발하는 일을 담당해요. 인간의 뇌와 뇌 세포 구조에 대한 지식을 바탕으로 컴퓨터나 로봇 등이 인간과 같이 사고하고 학습하는 능력을 갖게끔 프로그램을 개발하고 연구하는 일을 하지요. 또한 영상 인식, 음성 인식, 로봇, 통신 등에 사용되는 응용 기술을 연구하는 일도 한답니다.

적성 및 흥미
인간의 신경망이나 전자 공학 등에 대한 지식과 흥미를 가지고 있어야 해요. 또한 수학·물리·화학 등 기초적 과학 분야에 대한 재능이 필요하지요. 각종 컴퓨터 응용 프로그램을 능숙하게 활용할 수 있는 능력과 새로운 기술을 습득하려는 노력도 필요하고요. 그리고 새로운 것에 대한 탐구 정신과 문제 해결을 위한 논리적 사고, 분석력, 그리고 정확한 판단력을 갖추는 게 좋아요.

정규 교육 과정
전자 공학이나 컴퓨터 공학 관련 학과를 졸업하는 것이 도움이 되고, 연구소나 업체에 따라서는 이 분야의 석사 이상의 학위가 필요해요.

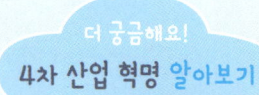

4차 산업 혁명과 유망 직업

가상 현실 전문가

하는 일

가상 현실 전문가는 3D 기술을 이용해서 가상의 시공간에서 가상 시스템을 개발하고 사용자가 원하는 가상 세계의 개발을 위해 시스템을 분석하는 일을 해요. 신제품의 기획안을 토대로 3차원 컴퓨터 그래픽 기술을 활용하여 프로그래밍을 한 후, 사용자가 실제의 느낌을 가질 수 있도록 가상 현실 시스템을 디자인해요. 제작된 3차원 가상 현실 소프트웨어에 오류는 없는지 테스트하고 수정 작업을 거쳐 제품을 완성하는 일을 한답니다.

적성 및 흥미

가상 현실 전문가는 분석력, 창의력이 필요해요. 여러 사람들과 팀을 이루어 일하는 경우가 많으므로 협동심과 원만한 대인 관계도 필요해요. 탐구심이 많고 리더십이 있고 남들에게 신뢰감을 주는 사람들에게 좋아요.

정규 교육 과정

전자 공학, 정보 통신 공학, 정보 공학, 컴퓨터 공학 등을 전공하면 도움이 돼요.

4차 산업 혁명과 유망 직업

3D 프린팅 운영 전문가

하는 일
3D 프린팅 운영 전문가는 고객으로부터 제작을 의뢰받으면 제품의 모습을 3D 스캐너로 3차원 디지털 도면 제작을 해요. 그 후 3D 모델링이라고 부르는 설계 과정, 설계된 데이터 값을 입력하는 3D 프린팅 과정, 출력된 제품을 마무리 하는 과정을 거쳐 최종 제품을 만드는 일을 해요.

적성 및 흥미
컴퓨터 그래픽 프로그램 및 장비에 대한 이해가 필요해요. 재료 공급이 잘 되는지, 출력 과정에서 제품이 잘 만들어지는지, 프로그래밍된 제작 방법을 벗어나지 않는지 등의 과정을 꼼꼼하게 체크해야 해요. 제품을 이미지로 생각하고 마무리 단계에서 색을 칠하거나 코팅 작업을 해야 하므로 미술, 산업 디자인 등을 전공하면 도움이 돼요.

정규 교육 과정
전문 인력 양성 사업, 대학의 관련 학과 등 전문 교육 기관에서 3D 프린터 관련 교육을 받을 수 있어요.

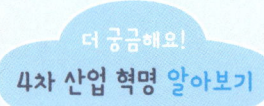

4차 산업 혁명과 유망 직업

고객 관리 시스템 전문가

- **하는 일**

  고객 관리 시스템 전문가는 고객과 관련된 자료를 분석하여, 기업의 마케팅 활동을 도와주어요. 이를 위해 고객 관리 시스템을 연구하고 설계하는 일을 하고요. 또한 고객 관계 관리와 관련된 최신 정보 기술의 흐름을 파악하고 분석하는 일을 한답니다.

- **적성 및 흥미**

  데이터를 해석하고 분석할 수 있는 능력과 컴퓨터 네트워크·하드웨어·소프트웨어 등의 정보 기술, 그것에 대한 활용 능력을 가지고 있어야 해요. 또한 기업의 경영, 회계 등에 대한 지식도 요구되고요. 또한 고객과 원활하게 의사소통할 수 있는 능력도 필요하답니다.

- **정규 교육 과정**

  컴퓨터공학과, 컴퓨터과학과, 통계학과 등을 전공하면 도움이 돼요. 관련된 자격증으로는 전자계산기기능사, 정보처리기능사, 전자계산기기사, 정보처리산업기사 등이 있어요.

4차 산업 혁명과 유망 직업

로봇 연구원

하는 일
로봇 연구원은 산업용이나 의료용, 실생활에 이용할 수 있는 로봇을 연구하고 개발하는 일을 담당해요. 또한 로봇의 부품을 연구·개발하고 제작해요. 용접 로봇 등 생산 현장에서 사용되는 산업용 로봇이나 자동화 시스템 설비를 설치하고 수리하기도 해요.

적성 및 흥미
로봇 설계에 대한 지식과 응용 능력이 요구되며, 끊임없는 자기 계발을 위해 노력하는 자세가 필요해요. 또한 새로운 것에 대한 탐구 정신과 창의성이 필요하답니다.

정규 교육 과정
창의력, 언어 능력, 수리 논리력이 뛰어나야 해요. 또한 기계공학, 제어계측공학 등을 전공하면 도움이 돼요.